Juristische Schlüsselqualifikationen

Ralf Brinktrine · Hendrik Schneider

Juristische Schlüsselqualifikationen

Einsatzbereiche – Examensrelevanz – Examenstraining

PD Dr. Ralf Brinktrine
Universität Leipzig
Juristenfakultät
Lehrstuhl für Öffentliches Recht,
insb. Staats- und Verwaltungsrecht
Burgstraße 27
04109 Leipzig
rbrink@uni-leipzig.de

Professor Dr. Hendrik Schneider
Universität Leipzig
Juristenfakultät
Lehrstuhl für Strafrecht, Strafprozessrecht, Kriminologie, Jugendstrafrecht
und Strafvollzugsrecht
Burgstraße 27
04109 Leipzig
hendrik.schneider@uni-leipzig.de

ISBN 978-3-540-48698-5   e-ISBN 978-3-540-48700-5

DOI 10.1007/978-3-540-48700-5

Bibliografische Information der Deutschen Nationalbibliothek
Die Deutsche Nationalbibliothek verzeichnet diese Publikation in der Deutschen Nationalbibliografie; detaillierte bibliografische Daten sind im Internet über http://dnb.d-nb.de abrufbar.

© 2008 Springer-Verlag Berlin Heidelberg

Dieses Werk ist urheberrechtlich geschützt. Die dadurch begründeten Rechte, insbesondere die der Übersetzung, des Nachdrucks, des Vortrags, der Entnahme von Abbildungen und Tabellen, der Funksendung, der Mikroverfilmung oder der Vervielfältigung auf anderen Wegen und der Speicherung in Datenverarbeitungsanlagen, bleiben, auch bei nur auszugsweiser Verwertung, vorbehalten. Eine Vervielfältigung dieses Werkes oder von Teilen dieses Werkes ist auch im Einzelfall nur in den Grenzen der gesetzlichen Bestimmungen des Urheberrechtsgesetzes der Bundesrepublik Deutschland vom 9. September 1965 in der jeweils geltenden Fassung zulässig. Sie ist grundsätzlich vergütungspflichtig. Zuwiderhandlungen unterliegen den Strafbestimmungen des Urheberrechtsgesetzes.

Die Wiedergabe von Gebrauchsnamen, Handelsnamen, Warenbezeichnungen usw. in diesem Werk berechtigt auch ohne besondere Kennzeichnung nicht zu der Annahme, dass solche Namen im Sinne der Warenzeichen- und Markenschutz-Gesetzgebung als frei zu betrachten wären und daher von jedermann benutzt werden dürften.

Herstellung: le-tex publishing services oHG, Leipzig
Einbandgestaltung: WMXDesign GmbH, Heidelberg

Gedruckt auf säurefreiem Papier

9 8 7 6 5 4 3 2 1

springer.de

Vorwort

Der universitäre Unterricht in den „juristischen Schlüsselqualifikationen" ist ein neues Lehr- und Lerngebiet. In der Ausbildungsliteratur für das juristische Studium ist das vorliegende Buch das erste, das sich mit dieser Materie insbesondere unter der Perspektive der Leistungsanforderungen im Staatsexamen beschäftigt.

Die besondere Herausforderung, das Ausbildungskonzept universitärer Veranstaltungen zu den „Schlüsselqualifikationen", Examensarbeiten und ein Bewertungsprofil zu entwerfen sowie dieses Anleitungsbuch zu verfassen, bestand darin, dass wir selbst in unserem Studium keine Vorlesung oder Übung dieser Art besucht haben und auch keine Prüfung auf diesem Gebiet ablegen mussten. Da Sachsen aber zu den Bundesländern gehört, in denen die Schlüsselqualifikationen auch im mündlichen Teil der staatlichen Pflichtfachprüfung geprüft werden, musste sich die universitäre Lehre der neuen Aufgabe stellen und Veranstaltungen zu den juristischen Schlüsselqualifikationen, auch zur Examensvorbereitung, in das Ausbildungskurrikulum aufnehmen. Diese neuen Veranstaltungen wurden von uns von Anfang an in enger Abstimmung mit den Landesjustizprüfungsämtern von Sachsen und Sachsen-Anhalt konzipiert und im Zuge der mit ihnen gewonnenen Erfahrungen stetig fortentwickelt. Unsere Erfahrungen mit der Planung und Durchführung derartiger Veranstaltungen schlagen sich in diesem Buch nieder. Alle im Anhang dargestellten „Fälle" sind in den Veranstaltungen erprobt worden. Als Pionierleistung wird an dem vorliegenden Werk sicher viel zu verbessern sein. Wir bitte insoweit um Nachsicht, freundliche Aufnahme und um Verbesserungsvorschläge sowie Erfahrungsberichte von Lernenden und Lehrenden im Umgang mit den Schlüsselqualifikationen und diesem Buch.

Zum Gelingen dieses Buches haben viele beigetragen. Den Mitarbeitern der Justizprüfungsämter des Freistaates Sachsen und des Landes Sachsen-Anhalt, namentlich Herrn Ministerialdirigenten a. D. Claus-Peter Kindermann, ehem. Präsident des Justizprüfungsamtes des Freistaates Sachsen, und Herrn Ministerialrat Ralf Burgdorf, Vizepräsident des Justizprüfungsamtes des Landes Sachsen-Anhalt, danken wir für die stetige Bereitschaft, sich mit uns über Fragen der Lehre und Prüfung der juristischen Schlüsselqualifikationen auszutauschen. Unserem Kollegen Ekkehard Becker-Eberhard danken wir für sein Engagement, mit uns im WS 2005/06 die Lehrveranstaltung zu den juristischen Schlüsselqualifikationen aus der Taufe zu heben. Den Kollegen Boemke, Goerlich, Kahlo und Meyer sowie Herrn RA Dr. Kurz danken wir für Ihre Bereitschaft, mit uns Workshops zu den Schlüsselqualifikationen zu veranstalten. Herrn Kollegen Justus Meyer danken wir außerdem für die Überlassung der zivilrechtlichen Aufgabenstellungen. Frau Constanze Schneider danken wir für zahlreiche Tipps im Hinblick auf die didaktische Konzeption der Lehrveranstaltungen zu den Schlüsselqualifikationen und für die Fotos in § 5, auf denen sie eine Referentin in einem Examensvortrag darstellt. Vielfältige Hilfestellungen haben wir von den studentischen Hilfskräften Friederike Eßbach, Katja Rengers und Sabrina Schumacher erhalten. Rechtsreferendar Dennis Herzog, wissenschaftliche Hilfskraft am Lehrstuhl Schneider, hat das Manuskript nach den Verlagsrichtlinien formatiert. Herzlichen Dank! Bedanken möchten wir uns ferner bei allen Studierenden der Juristenfakultät der Universität Leipzig, die sich in den Seminaren zu den juristischen Schlüsselqualifikationen den Herausforderungen eines Vortrags gestellt und mit uns geduldig den neuen Ausbildungszweig aufgebaut haben.

Leipzig, April 2008
Ralf Brinktrine
Hendrik Schneider

Inhaltsverzeichnis

§ 1 Einführung 1

§ 2 Schlüsselqualifikationen als Teil des Studiums der Rechtswissenschaften und als Prüfungsgegenstand 5
    I. Die Änderung des Deutschen Richtergesetzes 5
    II. Die landesrechtlichen Regelungen 8
        1. Schlüsselqualifikationen als Teil des mündlichen Examens in der staatlichen Pflichtfachprüfung 8
        2. Schlüsselqualifikationen als Zulassungsvoraussetzung für die staatliche Pflichtfachprüfung 9
        3. „Berücksichtigungsmodell" 9
        4. Schlüsselqualifikation nur als Teil der universitären Lehre 9

§ 3 Die Bedeutung des Begriffs „Schlüsselqualifikationen" 11
    I. Die Unschärfe des Begriffs der „Schlüsselqualifikationen" 11
        1. „Schlüsselqualifikationen" als Ausdruck von Lebenskunst 11
        2. Schlüsselqualifikationen als fachübergreifende Basiskompetenzen 12
        3. Schlüsselqualifikationen nach § 5 b Abs. 3 Satz 1 DRiG 15
        4. Fazit 16
    II. Die „Schlüsselqualifikationen" nach § 5 b Abs. 3 Satz 1 DRiG im einzelnen 16
        1. Allgemeines 16
        2. Die einzelnen Kompetenzen 17
            a) Verhandlungsmanagement 17
            b) Kommunikationsfähigkeit 18
            c) Gesprächsführung 19
            d) Rhetorik 20
            e) Mediation 21
            f) Streitschlichtung 22
            g) Vernehmungslehre 23
    III. „Juristische" Schlüsselqualifikationen in der staatlichen Pflichtfachprüfung 23
    IV. Zusammenfassung 24

§ 4 Die Vermittlung von Schlüsselqualifikationen: Theoretischer Teil 25
    I. Grundkurs in Rhetorik 25

1. Ausdrucksformen 26
   a) Der Einsatz der Sprache: Das Arsenal sprachlicher Figuren 26
   b) Der Einsatz des Körpers: Mittel der Gestik und Mimik 29
   c) Stimmliche Mittel 30
2. Wirkungsmittel: Logos, Ethos und Pathos 31
   a) Logos 31
   b) Pathos 32
   c) Ethos 32

II. Grundkurs in Vortragstechnik 33
1. Grundelemente eines jeden Vortrags 34
   a) Die Übernahme des Wortes und die Begrüßung des Publikums ... 34
   b) Der klassische Aufbau eines Vortrags 35
   c) Die Bedeutung der Rahmenbedingungen des Vortrags 35
      aa) Vortragsfreiheit oder Vortragspflicht 36
      bb) Die Redezeit 36
      cc) Ort, und Technik 37
      dd) Der Kontext des Vortrags 37
      ee) Fazit 38
   d) Der Umgang mit Pannen während des Vortrags 38
   e) Diskussion und „Abgang" 39
2. Besonderheiten des Vortrags als Examensleistung in der staatlichen
   Pflichtfachprüfung 40

III. Grundkurs in Diskussions- und Debattiertechnik 41
1. Allgemeines 41
   a) Formen von kontroversen Gesprächen 42
   b) Diskussionssituation 42
   c) Diskussionsziele 43
   d) Diskussionsvorbereitung 44
   e) Angriffs- und Verteidigungsmittel in Diskussion und Debatte 44
2. Besonderheiten in der staatlichen Pflichtfachprüfung 46
   a) Zwang zur Diskussion 46
   b) Keine inhaltliche Vorbereitung möglich und erforderlich 46
   c) Keine Gleichrangigkeit der Gesprächsteilnehmer 46
   d) Beschränkungen in der Wahl der rhetorischen Figuren 46
   e) Divergierende Gesprächsintentionen 47
   f) Fragerunde als Selbstbehauptungstest 47
   g) Fragerunde als Reaktionstest 47
3. Fazit 47

IV. Grundkurs in Gesprächsführung 48
1. Soziologische Grundlagen 48
2. Die Gesprächsvorbereitung 49
3. Die Eröffnungsphase 50
4. Die Hauptphase 51
5. Die Schlussphase 52

V. Grundkurs in Selbstorganisation und Zeitmanagement 53

§ 5 Die Vermittlung von „Schlüsselqualifikation": Praktischer Teil ... 59
I. Die Vortragsaufgabe ... 59
   1. Der Aufgabentext ... 59
   2. Die Aufgabenstellung ... 60
II. Der Vortrag ... 61
   1. Die Vorbereitungsphase ... 61
      a) Die Lesephase ... 61
      b) Die Präparations- oder Aufbereitungsphase ... 61
      c) Die Ausarbeitungsphase ... 61
   2. Der Aufbau des Vortrags ... 62
      a) Die Einleitung ... 62
      b) Die Vorschau auf das, was kommt ... 62
      c) Der Hauptteil ... 62
         aa) Die Funktionen des Hauptteils ... 62
         bb) Inhalt und Aufbau des Hauptteils ... 62
      d) Der Schluss ... 63
   3. Die Präsentation ... 64
      a) Die Begrüßung und die Anrede der Zuhörer ... 64
      b) Vorzüge und Nachteile des freien Vortrags ... 64
      c) Die Verwendung von Gedächtnisstützen ... 65
      d) Sitzen oder Stehen? ... 67
      e) Der Einsatz rhetorischer Mittel ... 68
      f) Zeiteinteilung ... 69
      g) Fragen der Kleidung ... 70
      h) Das Verhalten der Zuhörer (Prüfer) aus Sicht des Vortragenden .. 71
   4. Probleme beim Vortrag und Reaktionsmöglichkeiten des Redners ... 72
      a) Versprecher und Stockungen ... 72
      b) Aussetzer ... 72
      c) Störungen von außen ... 73
III. Die Fragerunde ... 73
IV. Die Bewertung des Vortrags und der Fragerunde ... 74
V. Verhalten im weiteren Verlauf der mündlichen Prüfung ... 75
VI. Hinweise für Lehrende ... 75

§ 6 Einzelne Vorträge – Aufgabenstellungen, Präsentation und Fragerunde 79
I. Aufgabe im Öffentlichen Recht „Das Anti-Raucher-Gesetz" ... 80
   1. Sachverhalt ... 80
   2. Aufgabenstellung ... 81
   3. Vortrag der Kandidatin ... 81
   4. Fragen des Prüfers ... 83
   5. Beurteilung ... 84
II. Aufgabe im Zivilrecht „Zahlungsmoral" ... 86
   1. Sachverhalt ... 86
   2. Aufgabenstellung ... 86
   3. Vortrag des Kandidaten ... 86
   4. Beurteilung ... 89
III. Aufgabe im Strafrecht „Folterfall" ... 91

1. Sachverhalt 91
2. Aufgabenstellung 91
3. Vortrag der Kandidatin 92
4. Fragen des Prüfers 93
5. Bewertung 94
IV. Aufgabe im Strafrecht „Unternehmensstrafrecht" 96
1. Sachverhalt 96
2. Aufgabenstellung 96
3. Vortrag des Kandidaten 97
4. Frage des Prüfers 99
5. Bewertung 100
V. Rechtspolitische Aufgabenstellung mit Bezug zum Bürgerlichen Recht, zum Jugendschutz- und Verfassungsrecht „Werbung im Kinderfernsehen" 102
1. Sachverhalt 102
2. Aufgabenstellung 102
3. Vortrag des Kandidaten 102
4. Beurteilung 105

§ 7 Bisherige Erfahrungen aus den Workshops zu den Schlüsselqualifikationen, aus Prüfungssimulationen und mündlichen Prüfungen 107
I. Erfahrungen 107
1. Erfahrungen mit den Themen der Aufgaben 107
2. Erfahrungen mit der Form der Aufgabenstellung 108
3. Erfahrungen mit dem Umfang bzw. der Aufbereitung der Aufgabe .. 109
4. Erfahrungen mit der Form des Vortrags 109
5. Erfahrungen mit der Fragerunde 109
6. Erfahrungen mit der Bewertung des Vortrags 110
II. Hinweise für Prüfer 110
III. Ausblicke 111

§ 8 Kommentierte Standardbibliothek zu den Schlüsselqualifikationen 113
I. Allgemeines zu „Schlüsselqualifikationen" 113
II. Speziell zur Rhetorik und zur Vortragstechnik 114
III. Speziell zur Kunst der Argumentation 114
IV. Speziell zur Gesprächsführung 115
V. Speziell zu Fragen der Selbstorganisation und zum Zeitmanagement 115
VI. Sonstiges 117
VII. Ausblick 117

Anhang 119
I. Bewertungsbogen Sachsen 119
II. Checkliste zur Gestaltung eines gelungenen Referats und eines gelungenen Vortrags 120
1. Die Referentin/Der Referent 120

  a) Ausstrahlung/Präsenz 120
  b) Taktik 120
  c) Ausrüstung 121
 2. Die Vorbereitung 121
 3. Das Referat/Der Vortrag 121
III. Aufgaben zum selbständigen Üben 123
 1. Aufgabe im Strafrecht „Abschaffung des strafrechtlichen
   Ehrschutzes" 123
 2. Aufgabe im Strafrecht „Das Jugendstrafvollzugsgesetz" 125
 3. Aufgabe im Öffentlichen Recht „Keine staatlichen Leistungen
   für die Feinde der Demokratie" 127
 4. Aufgabe im Öffentlichen Recht „Staatliche Beratung
   religionsverschiedener Ehen" 129
 5. Aufgabe im Zivilrecht „Haustiere in Mietwohnungen" 130
 6. Aufgabe im Zivilrecht „Erfolgshonorar für Rechtsanwälte" 131
 7. Aufgabe im Öffentlichen Recht „Freier Einkauf für freie Bürger" 132
 8. Aufgabe im Öffentlichen Recht „Deutsch als Pflichtsprache" 133
 9. Aufgabe im Öffentlichen Recht „Länderneuordnung" 134
 10. Aufgabe im Öffentlichen Recht „Wir brauchen keinen
    Bundespräsidenten" 136

Literaturverzeichnis **139**

Stichwortverzeichnis **143**

§ 1 Einführung

Schlüsselqualifikationen haben von jeher eine elementare Rolle in allen juristischen Berufen und im Studium der Rechtswissenschaften gespielt. Ausschlaggebend für den Erfolg als Juristin oder als Jurist sind nicht nur Ihre Kenntnisse in der Dogmatik bzw. Ihre Fähigkeiten, einen juristischen Fall zu bearbeiten, sondern insbesondere in der Praxis kommt es vor allem auch auf „die Verpackung" an.

Wenn Sie später als Rechtsanwältin oder als Rechtsanwalt tätig sind, werden Sie schnell merken, dass selbst die besten Rechtskenntnisse nicht ausreichen, um diesen Beruf mit Erfolg auszuüben. Denn gerade bei den so genannten freien Berufen geht es auch darum, ein Produkt zu verkaufen – und das sind in erster Linie Sie selbst. In jeder Hinsicht ist daher bedeutsam, wie Sie sich gegenüber Dritten präsentieren und wie Sie nach außen wirken. Nicht nur der Inhalt Ihres Schriftsatzes ist maßgeblich, sondern auch Ihr Briefpapier, Ihre Unterschrift oder Ihr Briefkopf. Nicht nur das Gewicht Ihres Argumentes überzeugt das Gericht, den eigenen Mandanten oder den Gegner, sondern auch die Art, wie es vorgetragen wird. Zu diesem Vortrag gehört das gesamte „Ausdrucksfeld" Ihres Körpers, das heißt neben dem äußeren Erscheinungsbild einschließlich aller Accessoires und Insignien Ihres Berufsstandes wie zum Beispiel Garderobe, Aktenkoffer und Schreibutensilien vor allem Ihre Mimik, Gestik, Ihre sprachliche Ausdrucksfähigkeit und Ihr „Emotionsdisplay", das adressatengerecht und situationsadäquat Ihrer jeweiligen beruflichen Rolle und dem gegebenen Anlass entsprechen muss.

Während sich Ihnen die berufsspezifischen Details des äußeren Erscheinungsbildes im Rahmen des Referendariats oder bei Ausübung des jeweiligen Berufes schnell erschließen und hier zudem vieles Sache des persönlichen Geschmacks ist, sind sprachliche Ausdrucksfähigkeit, Kommunikations-, Kooperations- und Konfliktfähigkeit sowie situationsadäquate und adressatengerechte Verhaltensweisen erlern- und trainierbar. Fähigkeiten dieser Art stellen kein Fachwissen dar, sondern sie erschließen den kompetenten Umgang mit Fachwissen. Sie werden deshalb unter dem Oberbegriff der Schlüsselqualifikationen zusammengefasst.

Schlüsselqualifikationen werden selbstverständlich nicht nur im Anwaltsberuf gefordert. Sind Sie als Richterin oder als Richter an einem Kollegialgericht tätig, benötigen Sie neben Ihren juristischen Kenntnissen zum Beispiel Fingerspitzengefühl, Diplomatie und Teamfähigkeit, das heißt Schlüsselqualifikationen, um akzeptiert zu werden, sich zu behaupten und Ihren Interessen und Überzeugungen Gewicht verleihen zu können. Auch in der Rechtswissenschaft sind Schlüsselqualifikationen mit dafür ausschlaggebend, ob sich bestimmte Positionen durchsetzen können und andere nicht. Juristische Lehrmeinungen verkaufen sich einfach besser, wenn sie unter dem richtigen „Markennamen" publiziert werden. Die Begriffe Drittschadensliquidation, Saldotheorie, Drittwirkungslehre, praktische Konkordanz, Risikoerhöhungslehre oder Lehre von der objektiven Zurechnung sind auch deswegen in der Rechtswissenschaft so populär und jeder Jurastudentin oder jedem Jurastudenten in der Examensvorbereitung geläufig, weil es sich um erstklassige Produktbezeichnungen handelt. Es sind Wortschöpfungen mit hoher Suggestivwirkung und programmatischer Durchschlagskraft, die den dahinter stehenden Argumenten ein größeres Gewicht verleihen, die Merkbarkeit steigern und eine Aura von Wissenschaftlichkeit erzeugen, die ihrer Verbreitung förderlich ist.

Im Unterschied zu früher hat die Änderung des deutschen Richtergesetzes, durch die nun gesetzlich bestimmt ist, dass bestimmte Schlüsselqualifikationen wie Verhandlungsmanagement, Gesprächsführung, Rhetorik, Kommunikationsfähigkeit, Mediation und Streitschlichtung zum Gegenstand des juristischen Studiums gehören, nur dazu geführt, dass über diese „weichen" Kompetenzen der Juristinnen und Juristen heute offen gesprochen wird. Während man früher demnach der Auffassung war, jemand verfüge entweder über diese Fähigkeiten oder eben nicht, beginnt man nunmehr über die Frage nachzudenken, wie Schlüsselqualifikationen gelernt werden können und welche handwerklichen Fertigkeiten erforderlich sind, um in diesem Bereich eine qualitativ hochwertige Leistung erbringen.

Von diesen erlernbaren handwerklichen Fähigkeiten, sich erfolgreich zu präsentieren, zu überzeugen, Gespräche zu führen und einen Standpunkt adressatengerecht zu formulieren, handelt das vorliegende Buch.

In § 2 „Schlüsselqualifikationen als Teil des Studiums der Rechtswissenschaften und als Prüfungsgegenstand" geben wir zunächst einen Überblick über die einzelnen Regelungsmodelle, die im Zuge des Gesetzes zur Reform der Juristenausbildung vom 11.07.2002 von den Landesgesetzgebern verabschiedet wurden und schildern die unterschiedliche Bedeutung der Materie der Schlüsselqualifikationen in Studium und Examen in den einzelnen Bundesländern. § 3 erläutert die Bedeutung des „schillernden" Begriffs der Schlüsselqualifikationen und definiert zugleich die einzelnen in § 5a DRiG beispielhaft angeführten Qualifikationen wie Verhandlungsmanagement, Gesprächsführung, Rhetorik, Streitschlichtung, Mediation, Vernehmungslehre und Kommunikationsfähigkeit. Die Hauptteile des Buches, § 4 und § 5, dienen der Vermittlung von Schlüsselqualifikationen. Im theoretischen Teil (§ 4) finden Sie Grundkurse zur Rhetorik, Vortragstechnik, Diskussions- und Debattiertechnik, Gesprächsführung sowie Selbstorganisation und Zeitmanagement. Soweit sich Überschneidungen mit dem Anforderungsprofil der Prüfung von Schlüsselqualifikationen im Staatsexamen ergeben, haben wir auf die sich insoweit ergebenden Besonderheiten in separaten Abschnitten hingewiesen. § 5 vermittelt das erforderliche Praxiswissen für einen gelungenen Examensvortrag, angefangen bei einer Analyse unterschiedlicher Aufgabenstellungen bis hin zu konkreten Hinweisen für den Aufbau und die Präsentation des Vortrags und das Verhalten in der Fragerunde und in der sich anschließenden weiteren mündlichen Prüfung. Der praktische Teil wird durch Hinweise für Lehrende abgerundet. Hier finden Hochschullehrer Tipps für die Konzeption einschlägiger Lehrveranstaltungen. § 6 konfrontiert sie mit drei unterschiedlichen Vorträgen aus unserer Vorbereitungs- und Examenspraxis. Das Herzstück dieses Teils besteht aus den vertexteten Originalvorträgen von Teilnehmern unserer Veranstaltungen, die wir anschließend nach den im Freistaat Sachsen zugrunde gelegten Bewertungskriterien analysieren. In § 7 haben wir unsere bisherigen Erfahrungen aus den „Workshops" zu den Schlüsselqualifikationen, aus Prüfungssimulationen und aus Prüfungen gesammelt. In diesem Teil sind auch Hinweise für Prüfer enthalten. Eine kommentierte Standardbibliothek mit weiterführenden Literaturhinweisen zu den Schlüsselqualifikationen finden Sie schließlich in § 8 des Buches. Mit den im Anhang enthaltenen Aufgabenstellungen aus den Rechtsgebieten des Öffentlichen und Bürgerlichen Rechts und des Strafrechts können Sie sich in ihrer Lerngruppe auf die mündliche Prüfung vorbereiten.

Der besonders eilige Leser findet im Anhang schließlich auch eine Checkliste zur Gestaltung eines gelungenen Referats bzw. eines gelungenen Vortrags, mit der auch „in letzter Minute" vor einer Präsentation noch eine Verbesserung des Vortrags möglich ist.

Wie sich aus dem vorstehenden Überblick über den Inhalt ergibt, haben wir die Vorbereitung auf die Prüfung der juristischen Schlüsselqualifikationen im Studium und im Examen in den Mittelpunkt des vorliegenden Buches gerückt. Das Buch hilft Ihnen also, sich auf diesen Abschnitt Ihrer Ausbildung vorzubereiten und zeigt Ihnen, wie Sie im Studium und im Beruf ihren Erfolg erhöhen und Ihre Leistung durch die richtige Verpackung Ihrer Argumente steigern können.

Schlüsselqualifikationen sind nicht eine weitere Materie, die zusätzlich zu dem ohnehin reichhaltigen und zum Teil ausufernden Examensstoff hinzu gelernt werden müssen, sondern vor allem eine Chance für ein besseres Examen. Sie haben sich für das Studium der Rechtswissenschaften bestimmt nicht deshalb entschieden, weil sprachliche Ausdrucksfähigkeit und der Umgang mit Worten für Sie schon immer eine große Hürde dargestellt haben. Sicherlich war das Gegenteil der Fall. Dann verfügen Sie bereits über Schlüsselqualifikationen und das vorliegende Buch, das Sie leicht in einem oder zwei Tagen durcharbeiten können, verhilft Ihnen zu einem letzten Schliff.

Hierbei wünschen wir Ihnen viel Erfolg und nicht zuletzt auch etwas Spaß bei der Lektüre.

Ihr Ralf Brinktrine und Hendrik Schneider

§ 2 Schlüsselqualifikationen als Teil des Studiums der Rechtswissenschaften und als Prüfungsgegenstand

I. Die Änderung des Deutschen Richtergesetzes

Am 17.10.2001 wurde von den Fraktionen der SPD und BÜNDNIS 90/DIE GRÜNEN der gemeinsame Entwurf eines Gesetzes zur Reform der Juristenausbildung (JurAusbRefG) in den Deutschen Bundestag eingebracht.[1] Mit dem Entwurf sollte sich des Problems angenommen werden, dass die Juristenausbildung weitgehend auf den Richterberuf ausgerichtet ist und sowohl Studium als auch Referendariat unzureichend auf den Anwaltsberuf vorbereiten, obwohl die überwiegende Anzahl der Absolventen den Rechtsanwaltsberuf wählt.[2] Rechtsberatung und Rechtsgestaltung spielten bisher eine nur untergeordnete Rolle. Zudem seien für die Praxis wichtige außerjuristische Fachkompetenzen aus den Wirtschafts- und Sozialwissenschaften bislang in Studium und Examen vernachlässigt worden.[3]

Ziel der Reform sollte deshalb die Ausbildung zum allseits einarbeitungsfähigen Juristen sein, der über juristische Urteilskraft und „soziale Kompetenz" verfügt.[4] Für die erfolgreiche Arbeit in juristischen Berufen seien – nach der Auffassung des Gesetzgebers – nämlich nicht nur die Ergebnisse der Staatsprüfungen von Bedeutung, sondern im zunehmenden Maße auch nicht fachspezifische Fähigkeiten. Gefordert seien insbesondere auch soziale Kompetenzen und – teilweise deckungsgleich – interdisziplinäre Schlüsselqualifikationen wie Verhandlungsmanagement, Gesprächsführung, Rhetorik, Streitschlichtung, Mediation, Vernehmungslehre, Kommunikationsfähigkeit und Teamfähigkeit.[5] Dies gelte sowohl für die Arbeitsgebiete der Rechtsanwälte und der in Wirtschaftsunternehmen tätigen Juristinnen und Juristen als auch für das Richteramt, das den „verantwortungsvollen Umgang mit einer persönlich anvertrauten Aufgabe", Belastbarkeit, Fähigkeit

---

[1] Näher: *Kessler*, JA 2003, S. 712 ff.; *Schöbel*, JuS 2004, S. 847 ff., jeweils m.w.N.
[2] Vgl. hierzu BT-Drs. 14/7176, S. 1; BT-Drs. 14/7463, S. 1.
[3] BT-Drs. 14/7463 S. 1. *Jung* (JuS 2003, S. 1048) weist zurecht darauf hin, dass diese Forderung keineswegs neu und revolutionär ist, sondern eine Neuauflage der „Diskussion um die Integration der Sozialwissenschaften und um den Theorie-Praxis-Verbund" in den 70er Jahren des 20. Jahrhunderts darstellt.
[4] BT-Drs. 14/7176, S. 8.
[5] BT-Drs. 14/7176, S. 8.

zum Verhandeln und Ausgleich sowie Kooperationsfähigkeit und nicht nur den „Vollzug einer organisatorischen Kompetenzzuweisung" voraussetze.[6]

Verhandeln und Gestalten sollten bei der reformierten Ausbildung im Vordergrund stehen. Schon im Studium müssten Grundlagen und Prinzipien der Rechtsgestaltung vermittelt werden. Die Studierenden sollten erlernen, erfolgreich Verhandlungen zu führen, mit Konflikten umzugehen und juristische Streitfragen auch außergerichtlich zu lösen.[7] Dieser Teilbereich der „neuen" Juristenausbildung sei Aufgabe der Universitäten, die solche Fähigkeiten und Fertigkeiten durch geeignete Maßnahmen zu fördern hätten.[8] Der Entwurf vom 17.10.2001 schlug daher eine Änderung des Deutschen Richtergesetzes (DRiG) wie folgt vor:

Entwurf des § 5a Absatz 3 Satz 1 DRiG neue Fassung (eigene Hervorhebung):

„Die Inhalte des *Studiums* berücksichtigen die rechtsprechende, verwaltende und rechtsberatende Praxis einschließlich der hierfür erforderlichen Schlüsselqualifikationen, insbesondere Verhandlungsmanagement, Gesprächsführung, Rhetorik, Streitschlichtung, Mediation, Vernehmungslehre, Kommunikationsfähigkeit und Teamfähigkeit."

Entwurf des § 5d Absatz 1 DRiG neue Fassung:

„Staatliche und universitäre *Prüfungen* berücksichtigen die rechtsprechende, verwaltende und rechtsberatende Praxis einschließlich der hierfür erforderlichen *Schlüsselqualifikationen* nach § 5a Abs. 3 Satz 1; […]."

In der amtlichen Gesetzesbegründung heißt es hierzu:[9]

„Erweitert werden die Studieninhalte um die Vermittlung interdisziplinärer Schlüsselqualifikationen, und zwar insbesondere Verhandlungsmanagement, Gesprächsführung, Rhetorik, Streitschlichtung, Mediation, Vernehmungslehre, Kommunikationsfähigkeit und Teamfähigkeit. Bei diesem Katalog handelt es sich nicht um eine abschließende Aufzählung erforderlicher Qualifikationen; genannt sind vielmehr die Kompetenzen, die den Studierenden zu vermitteln sind, sollen sie eine den heutigen Anforderungen entsprechende Ausbildung erhalten. Gerade die hier genannten Schlüsselqualifikationen gehen über rein juristische Fähigkeiten hinaus und runden den Ausbildungsinhalt durch interdisziplinäre Fähigkeiten ab. In diesem Bereich gilt es, den Universitäten eine Richtschnur an die Hand zu geben, welche Qualifikationen der Gesetzgeber für erforderlich erachtet; wie die Hochschulen diese vermitteln, obliegt deren Verantwortung."

Am 20.03.2002 wird die nur geringfügige Änderungen[10] enthaltende Beschlussempfehlung des Rechtsausschusses in den Deutschen Bundestag eingebracht, die

---

[6] BT-Drs. 14/8629, S. 7.
[7] BT-Drs. 14/8629, S.13.
[8] BT-Drs. 14/7176, S. 8.
[9] BT-Drs. 14/7176, S. 11.
[10] In § 5a Abs. 3 Satz 1 DRiG wird das Wort „insbesondere" durch „wie" ersetzt, und die Schlüsselqualifikation der „Teamfähigkeit" wird gestrichen.

am 21.03.2002 gegen die Stimmen der Fraktion der FDP und unter Enthaltung der Fraktion der PDS vom Bundestag und am 26.04.2002 vom Bundesrat angenommen wird. Das Gesetz zur Reform der Juristenausbildung vom 11.07.2002 wird am 17.07.2002 verkündet und tritt am 01.07.2003 in Kraft.

Das durch das JurAusbRefG geänderte Deutsche Richtergesetz in der Fassung vom 01.07.2003 regelt den Bereich der Schlüsselqualifikationen daher gegenwärtig wie folgt:
§ 5a DRiG neue Fassung
Absatz 3 Satz 1:

„Die Inhalte des Studiums berücksichtigen die rechtsprechende, verwaltende und rechtsberatende Praxis einschließlich der hierfür erforderlichen Schlüsselqualifikationen wie Verhandlungsmanagement, Gesprächsführung, Rhetorik, Streitschlichtung, Mediation, Vernehmungslehre, Kommunikationsfähigkeit."

Absatz 4:

„Das Nähere regelt das Landesrecht."

§ 5d DRiG neue Fassung
Absatz 1:

„Staatliche und universitäre Prüfungen berücksichtigen die rechtsprechende, verwaltende und rechtsberatende Praxis einschließlich der hierfür erforderlichen Schlüsselqualifikationen nach § 5a Abs. 3 Satz 1; [...]."

Absatz 6:

„Das Nähere regelt das Landesrecht."

Zu den lediglich marginalen Änderungen gegenüber dem Gesetzesentwurf heißt es in der Begründung zur Beschlussempfehlung:[11]

„Durch das Ersetzen des Wortes „insbesondere" durch das Wort „wie" wird zunächst klargestellt, dass die Schlüsselqualifikationen nur beispielhaft aufgezählt sind. Keineswegs muss jede Fakultät alle denkbaren Schlüsselqualifikationen anbieten; genauso wenig kann die Beherrschung sämtlicher Schlüsselqualifikationen verlangt werden. Die Streichung des Wortes „Teamfähigkeit" ist redaktioneller Art. Teamfähigkeit und Teamorientierung kann bereits der Schlüsselqualifikation der Kommunikationsfähigkeit im weitesten Sinne zugerechnet werden."

---

[11] BT-Drs. 14/8629, S.13.

II. Die landesrechtlichen Regelungen

§ 5a Abs. 4 DRiG und § 5d Abs. 6 DRiG weisen demnach den jeweiligen Landesgesetzgeber an, die weiteren Einzelheiten bezüglich Ausbildung und Prüfung interdisziplinärer Schlüsselqualifikationen zu regeln. Die einzelnen Bundesländer taten sich mit der Umsetzung schwer. Eine Vielzahl heterogener Regelungsmodelle prägt das landesrechtliche Regelungsbild, durch das den Schlüsselqualifikationen ein unterschiedliches Gewicht in Studium und Examen zugewiesen wird.

Ungeachtet sprachlicher und inhaltlicher Binnendifferenzen lassen sich *vier unterschiedliche landesrechtliche Modelle* von einander abgrenzen:

1. Schlüsselqualifikationen als Teil des mündlichen Examens in der staatlichen Pflichtfachprüfung

Nach dem ersten Regelungsmodell sind Schlüsselqualifikationen nicht nur Gegenstand der universitären Ausbildung, sondern – ausweislich der jeweiligen Juristenausbildungsgesetze (JAG) bzw. Juristenausbildungs- und Prüfungsordnung (JAPO) – *Teil des mündlichen Examens* in der staatlichen Pflichtfachprüfung. Eine derart exponierte Rolle wird den Schlüsselqualifikationen in den Ländern

- Berlin (§ 9 Abs. 2 S. 1 JAO v. 04.08.03),
- Hamburg (§ 20 Abs. 2 S. 3, 4 HmbJAG v. 11.06.03),
- Niedersachsen (§ 23 Abs. 1 S. 1 VONJAG v. 18.05.07),
- Nordrhein-Westfalen (§ 15 Abs. 4 JAG v. 11.03. 03),
- Sachsen (§ 26 Abs. 1 SächsJAPO) und
- Sachsen-Anhalt (§ 21 Abs. 1, 3 JAPrVO v. 02.10.03)

beigemessen. Das mündliche Examen beginnt hier nicht mit der Prüfung der drei Kernfächer, sondern mit einem Vortrag, bei dessen Bewertung insbesondere die Kompetenz der Kandidatin/des Kandidaten in den Schlüsselqualifikationen zu berücksichtigen ist. Die Vortragsdauer variiert je nach Bundesland zwischen 5 Minuten (Sachsen-Anhalt) und 12 Minuten (Nordrhein-Westfahlen). Die Vorbereitungszeit beträgt in Sachsen-Anhalt 30 Minuten, in den anderen Bundesländern beträgt sie eine Stunde. Rückfragen der Prüfer sind möglich (Hamburg) oder explizit vorgesehen.

Sollten Sie in einem dieser Bundesländer studieren, ist das Training der entsprechenden Vortragstechnik anhand des vorliegenden Buches eine grundlegende Voraussetzung, um im mündlichen Teil des Staatsexamens Erfolg zu haben. Abgesehen von den Ländern Niedersachsen und Nordrhein-Westfahlen, ist bei diesen Bundesländern zudem die *Teilnahme an einer universitären Veranstaltung zu den juristischen Schlüsselqualifikationen eine Zulassungsvoraussetzung für die staatliche Pflichtfachprüfung* (vgl. § 6 Abs. 1 Nr. 6 JAG Berlin v. 09.06.04; § 13 Abs. 2 Nr. 3 HmbJAG v. 11.06.03; § 20 Abs. 2 S. 1 i.V.m. § 17 S. 1 SächsJAPO v. 09.09.03; § 9 Abs. 5 JAPrVO Sachsen-Anhalt v. 02.10.03).

2. Schlüsselqualifikationen als Zulassungsvoraussetzung für die staatliche Pflichtfachprüfung

Nach dem zweiten Regelungsmodell ist die erfolgreiche Teilnahme an einer universitären Veranstaltung zu den Schlüsselqualifikationen *nur eine Zulassungsvoraussetzung zur staatlichen Pflichtfachprüfung*. Hierzu gehören

- Baden-Württemberg (§ 9 Abs. 2 Nr. 4 JAPrO v. 08.10.02, der Scheinerwerb setzt voraus, dass ein Vortrag gehalten wurde),
- Brandenburg (§ 6 Abs. 1 Nr. 6 JAG v. 04.06.03),
- Bremen (§ 16 Abs. 1 Nr. 8 JAPG v. 20.05.03),
- Hessen (§ 9 Abs. 1 Nr. 2d JAG Hessen v. 15.03.04),
- Mecklenburg-Vorpommern (§ 5 Abs. 2 Nr. 3 JAPO M-V v. 16.06.04),
- Saarland (§ 5 Abs. 4 S. 1 JAG Saarland v. 08.01.04) und
- Schleswig-Holstein (§ 2 Abs. 1 Nr. 1 JAVO v. 19.01.05).

3. „Berücksichtigungsmodell"

Nach dem dritten Regelungsmodell ist pauschal vorgesehen, dass die juristischen Schlüsselqualifikationen im Studium und bei der staatlichen Pflichtfachprüfung berücksichtigt werden. Eine nähere Ausgestaltung, wie diese Berücksichtigung zu erfolgen hat und in welcher Form die Kompetenzen in den Schlüsselqualifikationen geprüft werden, wird nicht vorgenommen. Diesen Weg geht

- Bayern (§§ 2; 23 Abs. 2 JAPO v. 13.10.03)

Die einschlägige Vorschrift der JAPO des Freistaates Bayern vom 13.10.03 gibt in § 2 BayJAPO lediglich den Inhalt der bundesrechtlichen Regelung wieder:

> „Die Prüfungen berücksichtigen die rechtsprechende, verwaltende und rechtsberatende Praxis einschließlich der hierfür erforderlichen Schlüsselqualifikationen wie Verhandlungsmanagement, Gesprächsführung, Rhetorik, Streitschlichtung, Mediation, Vernehmungslehre und Kommunikationsfähigkeit. Auch Fremdsprachenkompetenz kann berücksichtigt werden."

4. Schlüsselqualifikation nur als Teil der universitären Lehre

Das vierte Regelungsmodell postuliert in den einschlägigen landesrechtlichen Rechtsgrundlagen lediglich, dass die universitären Lehrveranstaltungen die Schlüsselqualifikationen zu berücksichtigen haben. Diesem Modell folgen die Länder

- Thüringen (§ 12 Abs. 2 S. 1 ThürJAPO v. 24.02.04) und
- Rheinland-Pfalz (§ 2 Abs. 2 JAG Rheinland-Pfalz v. 23.06.03)

So lautet etwa Abs. 2 des mit „Inhalte des Studiums" überschriebenen § 12 ThürJAPO wie folgt:

> „Die Lehrveranstaltungen sollen die praktische Bedeutung und Anwendung des Rechts sowie die hierzu erforderlichen Schlüsselqualifikationen berücksichtigen und, soweit hierfür erforderlich, Methoden und Erkenntnisse benachbarter Wissenschaften einbeziehen. In geeigneten Lehrveranstaltungen sollen Praktiker mitwirken."

Die Regelungen des JAG und der JAPO in den Ländern Thüringen und Rheinland-Pfalz werfen indes Zweifel auf, ob damit den gesetzlichen Vorgaben und Anforderungen der §§ 5a und 5d DRiG Genüge getan worden ist. In § 5d Abs. 1 DRiG ist ausdrücklich davon die Rede, dass Schlüsselqualifikationen *auch bei Prüfungen* berücksichtigt werden sollen. § 5a Abs. 3 DRiG sieht die Berücksichtigung der Schlüsselqualifikationen in den *universitären Lehrveranstaltungen* vor. Damit wird klargestellt, dass die „näheren" landesrechtlichen Regelungen (vgl. § 5a Abs. 4 bzw. § 5d Abs. 6 DRiG) den Einbezug von Schlüsselqualifikationen *sowohl auf der Ebene der universitären Lehre als auch bei Prüfungen* vorsehen müssen.

Immerhin verlangt die rechtswissenschaftliche Fakultät der Universität Trier den Besuch von Veranstaltungen zu den juristischen Schlüsselqualifikationen. Die rechtswissenschaftliche Fakultät bietet solche Veranstaltung an, etwa zur juristischen Rhetorik und Kommunikation; eine Studienordnung ist aber noch nicht verabschiedet. Doch auch der Besuch solcher Veranstaltungen wird nicht von allen Fakultäten durchgehend als verpflichtend angesehen. Beispielsweise sieht die Studienordnung der Rechtswissenschaftlichen Fakultät der Universität Jena in der Fassung der Bekanntmachung vom 30.06.2006 noch nicht einmal die Teilnahme an Schlüsselqualifikationsveranstaltungen vor.

Dies erscheint uns mit den Regelungen der §§ 5a und d DRiG nicht mehr im Einklang zu stehen, und es ist bedauerlicherweise anzunehmen, dass in diesen Bundesländern „von ein paar kosmetischen Kunstgriffen abgesehen – alles beim Alten bleibt".[12]

Zusammenfassend lässt sich gleichwohl feststellen, dass nach der Änderung des Deutschen Richtergesetzes Schlüsselqualifikationen bundesweit im Studium der Rechtswissenschaften Bedeutung erlangt haben. Neben den explizit als Veranstaltungen zu den juristischen Schlüsselqualifikationen ausgewiesenen Vorlesungen und Seminaren verhelfen Kenntnisse in den Schlüsselqualifikationen aber auch in vielen anderen Bereichen des Studiums zu besseren Leistungen. Die Präsentation in einem Seminar kann entscheidend verbessert werden, und nicht zuletzt erlangt man auch mehr Sicherheit bei der Darstellung der eigenen Persönlichkeit in der mündlichen Prüfung.

---

[12] So die Prognose von *Jung* (JuS 2003, S. 1049) angesichts der „immer spürbarer werdenden finanziellen Restriktionen, die die juristischen Fakultäten längst an die Grenzen ihrer Belastbarkeit geführt haben.".

§ 3 Die Bedeutung des Begriffs „Schlüsselqualifikationen"

I. Die Unschärfe des Begriffs der „Schlüsselqualifikationen"

Der Begriff der „Schlüsselqualifikationen" hat Konjunktur. Er gehört zu den großen Modebegriffen unserer Zeit. Was unter „Schlüsselqualifikationen" aber genau zu verstehen sein soll, ist trotz der inflationären Verwendung des Begriffs keineswegs eindeutig und klar.[13] Vielmehr existieren gleichzeitig ganz verschiedene Interpretationen des Begriffs, die sich inhaltlich deutlich voneinander unterscheiden. Es ist daher wichtig, diese konkurrierenden Begriffsverwendungen zu kennen und sie auf ihre Relevanz für die Frage der Juristenausbildung zu überprüfen.

1. „Schlüsselqualifikationen" als Ausdruck von Lebenskunst

Zuweilen ist von „Schlüsselqualifikationen" die Rede, wenn all die persönlichen Eigenschaften und Fähigkeiten gemeint sind, die es jemandem erlauben, in der Welt und im Leben „erfolgreich"[14] zu sein. In diesem umfassenden Sinne zählen zu den „Schlüsselqualifikationen" nicht nur rhetorische und organisatorische Fähigkeiten, sondern auch gute Manieren, ein gewandtes Auftreten, ein gepflegtes Aussehen und ein Bewusstsein für passende Kleidung und Stil. Im Grunde geht es

---

[13] Laut *Wikipedia* wurde der Begriff „zunächst in den 70er Jahren des vergangenen Jahrhunderts von Dieter *Mertens* geprägt. Er verstand unter Schlüsselqualifikationen die Qualifikationen, die als ‚Schlüssel' zur Erschließung von sich schnell änderndem Fachwissen dienen können. Treffender als der Begriff der Qualifikation wäre der Begriff Kompetenz, da eine Qualifikation etwas Objektives ist, unter Kompetenz aber eine individuelle Eigenschaft verstanden wird. Hierbei wird deutlich, dass bereits früh mit dem Begriff der Schlüsselqualifikation nicht die Fachkompetenz selbst, sondern die Fähigkeit zur Adaption und zum Transfer von Fachkompetenzen gemeint war.", vgl. http://de.wikipedia.org/wiki/Schlüsselqualifikation.

[14] Dies führt zu der philosophischen Frage, was in diesem Sinne unter einem „erfolgreichen" Leben zu verstehen ist. Es ist hier nicht der Ort, diesem Thema nachzugehen, aber man sollte sich bei der Beschäftigung mit so technischen Dingen wie Schlüsselqualifikationen schon bewusst machen, dass sich hinter vermeintlich klaren und selbstverständlichen Aussagen sehr ernste und schwierige Fragen verbergen können, auf die jeder für sich selbst eine Antwort geben muss.

also um den richtigen „Umgang mit Menschen"[15] oder – anders betrachtet – um die hohe Kunst, immer das Richtige am richtigen Ort zur richtigen Zeit zu tun.[16] Der Begriff „Schlüsselqualifikationen" ist damit ein Synonym für Lebenskunst oder – um mit dem spanischen Jesuiten *Gracian* zu sprechen – für „Weltklugheit".[17]

2. Schlüsselqualifikationen als fachübergreifende Basiskompetenzen

Mit dieser sehr weiten Deutung von „Schlüsselqualifikationen" konkurrieren Vorstellungen, die den Begriff „Schlüsselqualifikationen" wesentlich enger und auch anwendungsorientierter verstehen. Wirft man zum Beispiel einen Blick in die Wikipedia, dann sind Schlüsselqualifikationen „überfachliche Qualifikationen, die zum Handeln befähigen sollen. ... Dabei setzen sich Schlüsselqualifikationen aus einem breiten Spektrum übergreifender Fähigkeiten zusammen, die sowohl aus dem kognitiven, als auch aus dem affektiven Bereich stammen".[18]

In das gleiche Horn stößt die Bildungskommission NRW. Sie definierte im Jahre 1995 Schlüsselqualifikationen als

> „erwerbbare allgemeine Fähigkeiten, Einstellungen und Strategien, die bei der Lösung von Problemen und beim Erwerb neuer Kompetenzen in möglichst vielen Inhaltsbereichen von Nutzen sind."[19]

Schlüsselqualifikationen – so dürfen wir als Zwischenfazit festhalten – sind mithin allgemeine, überfachliche Fähigkeiten, die es ermöglichen, neue Qualifikationen und neues Wissen zu erwerben – unabhängig vom konkreten Berufs- und Arbeitsumfeld.

Diese abstrakte Definition gibt aber noch keinen Aufschluss darüber, welche *konkreten* Fähigkeiten zu diesen universalen Basiskompetenzen zählen sollen. Zu einer Antwort auf diese Frage verhilft die Durchsicht der – schier uferlosen – Literatur zur persönlichen Arbeitsmethodik. Nach der (Selbst)Management- bzw. sonstigen Beratungsliteratur geht es bei der Diskussion von Schlüsselqualifikationen insbesondere um „Zielplanung, Zeitmanagement, Kommunikation und Kreativität"[20] oder um „Kompetenzen" wie „Handlungskompetenz, Methodenkom-

---

[15] So der Titel des berühmten Buches von *Freiherr von der Knigge*, das immer noch lesenswert ist.
[16] Unübertroffen zu diesen Fragen die Überlegungen des spanischen Jesuiten *Gracian*, Handorakel und Kunst der Lebensklugheit sowie die Aphorismen zur Lebensweisheit von *Schopenhauer*.
[17] Vgl. *Gracian*, Handorakel und Kunst der Weltklugheit.
[18] http://de.wikipedia.org/wiki/Schlüsselqualifikation.
[19] Zitiert nach http://de.wikipedia.org/wiki/Schlüsselqualifikation.
[20] Vgl. den Untertitel des Werkes von *Stender-Monhemius*, Schlüsselqualifikationen: „Zielplanung, Zeitmanagement, Kommunikation, Kreativität".

petenz, personale Kompetenz und soziale Kompetenz".[21] Manchmal ist auch schlicht von „erfolgreiche[m] Management" die Rede, wenn Schlüsselqualifikationen gemeint sind.[22] Diese schlagwortartigen Kategorisierungen von „Kompetenzen" werden in der einschlägigen Literatur vielfach weiter untergliedert und ausdifferenziert dargestellt. So soll die Methodenkompetenz, die mitunter auch unter dem Begriff Selbstkompetenz firmiert, vor allem die persönliche Zielplanung und das Zeitmanagement umfassen. Die Sozial- oder Kommunikationskompetenz betrifft dagegen Aspekte des Umgangs mit anderen Menschen, namentlich das verbale oder non-verbale Ausdrucksvermögen, die Gesprächsführung sowie die Fähigkeit der Moderation und der Visualisierung. Vielfach tritt zu diesen Kompetenzen auch noch die Fähigkeit hinzu, Personal zu führen und zu entwickeln.

Man sollte diesen Ein- und Zuordnungen einzelner Fähigkeiten unter spezifische „Kompetenzen" indes nicht zu große Bedeutung beimessen, denn die verschiedenen Hauptkategorien werden vielfach nicht trennscharf unterschieden und variieren in ihrem Inhalt von Autor zu Autor erheblich.[23] So finden sich einzelne Subkategorien bei verschiedenen Autoren unter unterschiedlichen Überschriften oder werden zum Teil, wie etwa die Kommunikationskompetenz, auch als eigenständige Qualifikationen behandelt. Wichtig zu erkennen ist aber, dass nach diesen Vorstellungen sich der Kreis der „Schlüsselqualifikationen" auf solche Fähigkeiten des Individuums beschränkt, die zwar auch fachübergreifender Natur sind, aber vornehmlich einen strikt *projekt- oder arbeitsbezogenen Charakter* besitzen.[24] Im Zentrum dieses Verständnisses von Schlüsselqualifikationen steht nicht mehr die *Lebenskunst*, sondern die – zumeist unausgesprochene – Forderung, man müsse sich selbst und seine *Arbeit* mittels bestimmter Methoden möglichst optimal organisieren sowie mit anderen am Arbeitsprozess Beteiligten kommunizieren und im Team arbeiten[25] können, um das – vielfach von außen vorgegebene – Ziel oder Ergebnis zu erreichen; der Gegenstand oder der ethische Charakter dieses Arbeitsprozesses ist dagegen sekundär.[26]

---

[21] Vgl. etwa die Bezeichnungen bei *Lang,* Schlüsselqualifikationen, S. 35 ff., 41 ff., 57 ff., 203 ff., 353 ff.

[22] Vgl. das Werk von *Heller/Hindle*, Erfolgreiches Management. Das Praxishandbuch, das mit den Themen „richtig kommunizieren, Zeitmanagement, Entscheidungen treffen, erfolgreich delegieren, Menschen motivieren, Teams leiten, Versammlungen organisieren, die erfolgreiche Rede, erfolgreich verhandeln, Einstellungsgespräch, Management des Wandels und Stress verringern" nahezu alles abdeckt, was nach verbreiteter Auffassung unter den Begriff „Schlüsselqualifikationen" fällt.

[23] Um es mit einer juristischen Argumentationsfigur zu sagen: es existiert keine „herrschende Meinung".

[24] Der Leser sollte sich daher schon bewusst machen, dass es auch und gerade um Fähigkeiten geht, sich möglichst angepasst in die Arbeitswelt zu integrieren.

[25] Auch die Forderung nach Teamfähigkeit ist für viele juristische Berufe nur begrenzt zutreffend. Vielfach ist sie sogar überflüssig.

[26] Hohe Kenntnisse in Schlüsselqualifikationen bzw. ihre Beherrschung sagen daher nichts darüber aus, ob jemand eine gebildete und menschenfreundliche Persönlichkeit ist – auch ein willenloser Arbeitssklave oder ein brutaler und sadistischer Kerkermeister kann ein Meister des Zeitmanagements, der Selbstorganisation und der Zielfindung sein

Welche Methoden zur Selbstorganisation, zur Motivation sowie zur Kommunikation aber geeignet sind, um die angestrebten Ziele des Erwerbs neuer Fähigkeiten, neuen Wissens und optimaler Aufgabenerfüllung zu erreichen, darüber herrscht in der Managementliteratur keine Übereinstimmung. Vielmehr gewinnt man den Eindruck, dass verschiedene Schulen miteinander konkurrieren und jeweils ihre Lehre bzw. Techniken als allein selig machend anpreisen.[27] Dies gilt insbesondere für die Frage des „richtigen" Zeitmanagements. Einigkeit besteht trotz mancher Kontroversen nach allen vorstehend diskutierten Ansätzen aber über zwei Aspekte:

1. Es gibt derartige Schlüsselqualifikationen und sie sind bestimmbar.
2. Diese (Basis)Fähigkeiten oder auch Kompetenzen unterscheiden sich von der so genannten (bloßen) Fachkompetenz, die sich auf die berufsbezogenen Kenntnisse beschränkt, und sie sind von dieser auch deutlich abzugrenzen.

Führt man die verschiedenen, in der Literatur unterbreiteten Vorschläge zu erfolgreichem „Management" und „Kompetenzen" abschließend in einem Katalog zusammen, so erfasst der Begriff der Schlüsselqualifikationen die Beherrschung und die Anwendung folgender universaler Instrumente und Techniken:

- die Fähigkeit, richtig zu kommunizieren,
- die Fähigkeit, erfolgreich vor Publikum zu sprechen, zu präsentieren und zu visualisieren,
- die Fähigkeit, Versammlungen zu organisieren und zu leiten,
- der effektive und effiziente Umgang mit der zur Verfügung stehenden Zeit,
- Aufgaben richtig delegieren zu können,
- die Fähigkeit, überhaupt Entscheidungen treffen zu können und zudem die richtigen Entscheidungen zu treffen,
- Menschen motivieren zu können,
- die Fähigkeit, eine Arbeitsgruppe („Team") zusammenzustellen (Personalauswahl) und sie zu leiten,
- die Kunst zu verhandeln und Konflikte zu entschärfen,

und schließlich

- die Fähigkeit, Neues zu entdecken und zu entwickeln („Kreativität") sowie den erforderlichen Wandel zu managen.

---

und bei seinen Foltermethoden „Kreativität" entwickeln. Die Fernziele, zu denen Schlüsselqualifikationstechniken eingesetzt werden, spielen in der Literatur – leider – eine ganz untergeordnete Rolle.

[27] Zu dieser Tendenz siehe beispielsweise die kritischen Bemerkungen von *Malik*, Führen, Leisten, Leben, S. 317 ff., der mit Recht feststellt, „dass auf falsche Weise beziehungsweise das Falsche verallgemeinert wird", denn „Arbeitsmethodik ist persönlich und individuell.".

3. Schlüsselqualifikationen nach § 5 b Abs. 3 Satz 1 DRiG

Aus Sicht eines Juristen ist auffällig, dass die im Verlauf der bisherigen Erörterung genannten Schlüssel- oder Basiskompetenzen nun so gar nicht oder lediglich zum Teil zu den „Schlüsselqualifikationen" passen, wie sie in § 5 b Abs. 3 Satz 1 des DRiG i.d.F. ab 01.07.2003 und darauf aufbauend in den Justizprüfungsordnungen der Länder zu finden sind. Dort werden als für die rechtsprechende, verwaltende und rechtsberatende Praxis erforderliche Schlüsselqualifikationen unter anderem[28] Verhandlungsmanagement, Gesprächsführung, Rhetorik, Streitschlichtung, Mediation, Vernehmungslehre und Kommunikationsfähigkeit genannt. Die in der Literatur zur Arbeitsmethodik so betonten Aspekte, wie etwa Zeitmanagement, Zielfindung und Selbstorganisation spielen dagegen in diesem Katalog gar keine Rolle – geschweige denn Fragen der Lebenskunst. Auf der anderen Seite gehören die Vernehmungslehre oder auch die Mediation ganz sicher nicht zu den Schlüsselqualifikationen, wie sie etwa von Führungspersonal in einem Industrieunternehmen oder in einer Kreativbranche erwartet werden. Dies ist ein bemerkenswerter Widerspruch.

Um diesen Widerspruch zu erklären und aufzulösen, ist es sinnvoll, noch einmal den Ausgangspunkt der Begriffsdiskussion ins Gedächtnis zu rufen. Schlüsselqualifikationen sind Basiskompetenzen, die man unabhängig von einem bestimmten Berufsumfeld bzw. spezifischer beruflicher Anforderungen beherrschen sollte. So sind die Fragen des Zeitmanagements und der Selbstorganisation für nahezu alle Berufe von Bedeutung, ganz gleich, ob jemand den Beruf eines Versicherungsvertreters, Hochschullehrers oder Anwalts ausübt. Bei genauerem Hinsehen erweist sich nur ein Teil der in § 5 b Abs. 3 Satz 1 DRiG erwähnten Schlüsselqualifikationen als Basiskompetenzen in diesem Sinne, nämlich die Aspekte der Rhetorik, der Gesprächsführung und der Kommunikationsfähigkeit. Andere Teile sind dagegen überhaupt keine Schlüsselqualifikationen im Sinne der Arbeitsmethodik, sondern sie sind als *Fachkompetenzen* eines bestimmten Berufszweigs, nämlich des forensisch tätigen Anwalts, Richters oder Verwaltungsbeamten, einzustufen. Sie sind den oben aufgelisteten Handlungs-, Methoden- und Sozialkompetenzen vielmehr *nach*gelagert, denn ohne Zeitmanagement und Selbstorganisation können auch die Tätigkeiten der Streitschlichtung, Mediation oder Vernehmung nicht effektiv ausgeübt werden. Anders gewendet: Vernehmungslehre, Mediation und Streitschlichtung sind keine allgemeinen Schlüsselqualifikationen, sondern formulieren spezifische Schlüsselkompetenzen des juristischen Berufsstands. Eine Mittelstellung nimmt das Verhandlungsmanagement ein, das je nach Betrachtungsweise noch zu den allgemeinen Schlüsselqualifikationen gezählt werden darf oder bereits eine spezifische juristische Kompetenz darstellt.

---

[28] Die Aufzählung in § 5 b Abs. 3 Satz 1 DRiG wird als nicht abschließend verstanden; dies kommt in dem „wie" zum Ausdruck.

4. Fazit

Aus dem Befund, dass für die Jurisprudenz mithin ganz andere Qualitäten die Funktion von Schlüsselqualifikationen einnehmen als die in der (Selbst)Managementliteratur immer wieder aufgelisteten, darf man zum einen folgern, dass der in § 5 b Abs. 3 Satz 1 DRiG n.F. anzutreffende Gebrauch des Begriffs „Schlüsselqualifikationen" unpräzise, ja möglicherweise sogar unzutreffend ist, weil er die allgemeine Literatur zu Schlüsselqualifikationen nicht korrekt reflektiert. Man kann aus den vorstehenden Überlegungen aber auch den Schluss ziehen, dass es *keinen feststehenden Inhalt für den Begriff der Schlüsselqualifikationen* gibt. Vielmehr ist der Begriff der Schlüsselqualifikationen so schillernd und vage, dass er für jeden beruflichen Bereich neu bestimmt werden muss.

Wie dem auch sei: Die gesetzliche Regelung bildet die Grundlage für die juristischen Fakultäten, auf der sie (juristische) Schlüsselqualifikationen lehren und später prüfen sollen. Es ist daher angezeigt, im anschließenden Abschnitt einige kurze Bemerkungen zur inhaltlichen Bedeutung der Schlüsselqualifikationen nach § 5 b Abs. 3 Satz 1 DRiG n.F. zu machen.

II. Die „Schlüsselqualifikationen" nach § 5 b Abs. 3 Satz 1 DRiG im einzelnen

1. Allgemeines

Wie schon erwähnt, fallen unter den Begriff der für die rechtsprechende, verwaltende und rechtsberatende Praxis relevanten Schlüsselqualifikationen so verschiedene Kompetenzen wie Verhandlungsmanagement, Gesprächsführung, Rhetorik, Streitschlichtung, Mediation, Vernehmungslehre und Kommunikationsfähigkeit. Unterzieht man diese Auflistung des § 5 b Abs. 3 Satz 1 DRiG einer näheren Betrachtung, dann fallen einem unbefangenen Beobachter verschiedene Aspekte ins Auge. Zum ersten betrachtet der Gesetzgeber die Auflistung in § 5 b Abs. 3 Satz 1 DRiG als nicht abschließend, sondern durch den Einschub des „wie ..." lediglich als exemplarische Aufzählung (Vgl. dazu näher oben, § 2). Zum zweiten fällt es nicht leicht, die dort erwähnten Schlüsselqualifikationen trennscharf voneinander zu unterscheiden. So ist nicht auf den ersten Blick einsichtig, worin sich die Streitschlichtung und die Mediation unterscheiden sollen. Ebenso wird nicht auf Anhieb klar, worin die Divergenz von Gesprächsführung und Kommunikationsfähigkeit liegen soll. Eine gewisse Redundanz der Aufzählung ist nicht von der Hand zu weisen. Schließlich ist nicht ganz verständlich, warum ausgerechnet diese Qualifikationen Schlüsselqualifikationen sein sollen und nicht auch – aus Sicht eines Anwalts – „effiziente Aktenbearbeitung", „zielgerichtete Informationsrecherche", „Stressresistenz" oder „Mitarbeitermotivation". Anders gesagt: Die Auswahl wirkt etwas zufällig – dies mag, wie so oft, den Umständen des konkreten Gesetzgebungsprozesses geschuldet sein.

2. Die einzelnen Kompetenzen

Nachfolgend sollen die einzelnen Schlüsselqualifikationen kurz vorgestellt werden. Die Reihenfolge ihrer Darstellung richtet sich nach sachlichen Gesichtspunkten und nicht nach der unglücklichen Reihenfolge, wie sie im Deutschen Richtergesetz vorzufinden ist.

a) Verhandlungsmanagement

Nach *Römermann* ist Verhandlungsmanagement „die systematische Führung von Verhandlungen mit dem Ziel eines Vertragsabschlusses".[29] Erfolgreiches Verhandeln und Verhandlungsmanagement umfassen jedoch mehr als die abschließende Unterzeichnung eines juristischen Vertragspapiers. Die Schlüsselqualifikation Verhandlungsmanagement zielt auf die Fähigkeit, ein für die am Verhandlungsprozess beteiligten Personen annehmbares Ergebnis zu erzielen, bei dem es keine Gewinner oder Verlierer gibt (Befriedungsfunktion). Mithin geht es bei dieser Basiskompetenz um die Kunst, ein für Sie (oder Ihren Mandanten) gutes Ergebnis mit einem guten Ergebnis für die Gegenseite in Einklang zu bringen.[30]

Verhandlungsmanagement ist insoweit eine Schlüsselqualifikation, als in gewisser Weise alles Leben verhandeln ist.[31] Eltern verhandeln mit ihren Kindern, Arbeitnehmer mit ihren Kollegen, etc. Deshalb wird auch vielfach die Auffassung vertreten, dass es allgemeingültige Regeln oder „Gesetze" erfolgreichen Verhandelns gäbe. Solche Gesetze lauten z.B.:

- alles ist verhandelbar,
- es gibt vier Dinge, über die in jeder Verhandlung entschieden werden muss (das Gesetz der vier),
- Timing ist beim Verhandeln alles oder
- 80 Prozent des Verhandlungserfolges oder mehr hängen von der Vorbereitung der Verhandlungen ab.[32]

Als juristische Schlüsselqualifikation spielt Verhandlungsmanagement eine wichtige Rolle, weil jedenfalls eines der Hauptrechtsgebiete unserer Rechtsordnung, das Zivilrecht, gänzlich vom Vertrag als Handlungsinstrument lebt.[33] Für das Öffentliche Recht und das Strafrecht gilt dies nur in begrenztem Maße. Allerdings gewinnt im Verwaltungsrecht der (öffentlich-rechtliche oder privatrechtliche) Vertrag eine zunehmend größere Bedeutung. Im Strafrecht ist Verhandlungsgeschick zum Beispiel bei den gegebenenfalls ratsamen Gesprächen der Verteidigung mit der Staatsanwaltschaft (etwa über die Möglichkeiten einer Einstellung

---

[29] *Römermann*, in: *Römermann/Paulus*, Schlüsselqualifikationen, § 23 Rn. 1.
[30] Vgl. *Heller/Timble*, Erfolgreiches Management, S. 562.
[31] So zutreffend *Tracy/Scheeln*, Die ewigen Gesetze des Erfolges, S. 186; ebenso *Fisher/Ury/Patton*, Das Harvard-Konzept, S. 15.
[32] Zu diesen und weiteren „Gesetzen" des Verhandelns siehe zum Beispiel *Tracy/Scheeln*, Die ewigen Gesetzes des Erfolges, S.187 ff.
[33] Insoweit zutreffend *Römermann*, in: *Römermann/Paulus*, Schlüsselqualifikationen, § 23 Rn. 2 ff., 13, 32 ff.

des Ermittlungsverfahrens nach §§ 153f. StPO) oder im Hauptverfahren bei den verfahrensbeendenden Absprachen („deal") erforderlich.[34]

Verhandlungsmanagement als Basiskompetenz, die über die Fähigkeit zur Kautelarjurisprudenz hinausgeht, ist Gegenstand zahlreicher auch nicht juristischer Anleitungswerke. Zu erwähnen ist hier namentlich das Standardwerk *Das Harvard-Konzept*.[35] Hilfreiche Hinweise finden Sie auch bei *Römermann*[36] sowie bei *Heller/Timble*.[37]

b) Kommunikationsfähigkeit

Mit anderen Menschen kommunizieren zu können ist eine Basisfähigkeit, die so selbstverständlich ist, dass es schon eine Überraschung darstellt, sie als eine besondere juristische Schlüsselqualifikation aufgelistet zu sehen. Wie der vor kurzem verstorbene Psychologe *Watzlawick* es einmal formulierte:

> Der Mensch kann nicht nicht kommunizieren und sich auch nicht nicht verhalten.

Es werden daher auch Zweifel angemeldet, ob die Aufnahme dieses Begriffs durch den Gesetzgeber in den Katalog sinnvoll war. Gemeint ist in diesem Kontext aber mehr als das bloße Sich-unterhalten-können. Kommunikationsfähigkeit im hier verstandenen Sinne zielt wohl darauf ab, sich über juristische Sachverhalte und Probleme mit anderen Juristen, aber auch anderen Personen verständigen zu können. Mit anderen Worten: der Jurist soll in der Lage sein, rechtliche Probleme anderen Menschen verständlich zu machen und gleichzeitig Fragen und Einwände aufzugreifen und zu verstehen.

Mittel dieses Verständigungsprozesses bzw. der Fähigkeit sich mitzuteilen, ist dabei für den Juristen in der Regel die Sprache. Die Ausdrucksmöglichkeiten der Sprache des Juristen umfassen – entgegen einer unter Studierenden weit verbreiteten Auffassung – nicht nur die schriftlichen Darstellungsformen, sondern auch die mündliche und die bildhafte Kommunikation.

---

[34] Im praxisrelevanten „Handbuch des Strafverteidigers" von Hans *Dahs* (Rn. 177ff) werden deshalb eine Reihe von Stilfragen angesprochen, die der Verteidiger bei Besprechungen und Absprachen bzw. Verständigungen mit den Organen der Strafrechtspflege berücksichtigen sollte. Der Verteidiger sollte zum Beispiel in Gegenwart des Mandanten von telefonischen Anfragen bei Gericht oder der Staatsanwaltschaft Abstand nehmen (Rn. 180). Ein Duzverhältnis mit Justizpersonen sollte dem Mandanten gegenüber nicht bekannt gegeben werden (Klassischer Fehler: „Ich rufe mal eben meinen Freund bei der Staatsanwaltschaft an"). Dem Verteidiger wird ferner geraten, Richter und Staatsanwälte in der Hauptverhandlung mit ihren Funktionsbezeichnungen zum Beispiel „Frau Vorsitzende", „Herr Staatsanwalt" usw. anzureden.
[35] Siehe *Fisher/Ury/Patton*, Das Harvard-Konzept, das sich selbst als „Standardwerk der Verhandlungstechnik" preist.
[36] *Römermann*, in: *Römermann/Paulus*, Schlüsselqualifikationen, §§ 23 – 27.
[37] *Heller/Timble*, Erfolgreiches Management, S. 185 ff.

> *Fazit*: Für die Kommunikationsfähigkeit von Juristen ist entscheidend das Vermögen, anderen Menschen in Wort, Schrift und Bild juristische Fragen erklären zu können.

c) Gesprächsführung

Die Schlüsselqualifikation der Gesprächsführung zielt ebenso wie die Kommunikationsfähigkeit auf ein Mehr als ein bloßes Sich-unterhalten-können. Der Gesprächs*führung* geht es darum, den Verlauf eines Gesprächs durch den Einsatz erprobter (Manipulations)Techniken zu strukturieren und gezielt in eine bestimmte Richtung zu *lenken*, um ein bestimmtes Geprächs*ergebnis* zu erreichen. Dieses Gesprächsergebnis kann völlig unterschiedlichen Gehalts sein:

- So kann es zum Beispiel das Ziel sein, den anderen Gesprächsteilnehmer bzw. die andere Gesprächsteilnehmerin von einer, zumeist der eigenen, Position zu überzeugen, so dass er oder sie sich auf diese Position einlässt und mir in anderen Kontexten Unterstützung gewährt (*persuasives Gespräch*).
- Die Absicht kann aber auch darin bestehen, von dem Gesprächspartner Informationen und Hinweise zu erlangen oder einfach nur zu wissen, was er oder sie über ein bestimmtes Problem denkt (*Informationsgespräch*).
- Die Gesprächsführung kann ferner intendieren, aus Sicht des Gesprächsführenden kritikwürdiges Verhalten des anderen zu thematisieren und durch das Gespräch zukünftig Verhaltensänderungen des Gesprächsteilnehmers zu bewirken (*Erziehungsgespräch*).

Die Gesprächsführung weist damit eine enge Verwandtschaft zu den Schlüsselqualifikationen der Rhetorik und der Vernehmungslehre auf, ohne vollständig mit ihnen deckungsgleich zu sein.

Welche Techniken zur Erreichung des angestrebten Ziels hilfreich sind, ist allerdings in den verschiedenen Anleitungswerken zur Gesprächsführung nicht unumstritten. Die Fülle der propagierten Tipps und Techniken ist ebenso unüberschaubar wie die sie behandelnde Literatur.[38] Auffällig ist aber, dass zum Teil völlig gegensätzliche Empfehlungen für eine „erfolgversprechende" Gesprächsführung gegeben werden. Die Methode des „Kick in the ass" sowie Brüll- und Anschreitechniken werden ebenso als erfolgversprechend beschrieben wie einstudierte Überredungstechniken (die berühmt-berüchtigte ja-Methode der Verkaufsprofis)[39] oder die sanfteren Methoden des „aktiven Zuhörens" und des partnerschaftlichen Stils.[40] Dass dies so ist, hängt sowohl mit der Gesprächssituation

---

[38] Vgl. hierzu beispielsweise *Neumann/von Rosenstiel*, in: *Römermann/Paulus*, Schlüsselqualifikationen, §§ 28 – 31; *Lay*, Führen durch das Wort, S. 158 ff.

[39] Bei dieser Gesprächsführungstechnik werden Fragen so formuliert, dass der Gesprächspartner immer nur mit „ja" antworten kann und am Ende davon „überzeugt" (worden) ist, ein bestimmtes Produkt zu erwerben oder eine bestimmte Handlung zu unternehmen.

[40] Zu diesen Techniken siehe beispielsweise *Weisbach*, Professionelle Gesprächsführung, S. 48 ff.

als auch mit dem jeweiligen Menschenbild zusammen: Es kommt darauf an, was Sie in Ihrem Gesprächspartner im Moment des Gesprächs sehen bzw. sehen wollen.

Über eines sollten Sie sich im Klaren sein: Jede Methode der Gesprächsführung zielt im Ergebnis darauf ab, dass der „Führende" das durch das Gespräch erreicht, was seinen Vorstellungen entspricht[41] – kurz: Gesprächsführungstechniken sind ausnahmslos Techniken der Manipulation von Menschen.[42]

d) Rhetorik

Der Begriff der Rhetorik ist – wie der Begriff der Schlüsselqualifikationen selbst – mehrdeutig. Das Wort Rhetorik „kann eine bestimmte kommunikative Praxis bezeichnen, aber auch die darauf bezogene Theorie sowie die wissenschaftliche Disziplin, die sich mit dem Fachgebiet der Rhetorik beschäftigt".[43]

Im Kontext der juristischen Schlüsselqualifikationen geht es nicht um Rhetorik als Wissenschaft. Vielmehr ist der Begriff Rhetorik hier – wie schon in der Antike – als „Kunst der Beredsamkeit" zu verstehen;[44] Rhetorik in diesem Sinne ist die allgemeine Theorie und Praxis persuasiven (öffentlichen) Redens.[45]

Das Medium, mit denen der Orator sein Publikum zu überzeugen sucht, ist die (öffentliche) Rede bzw. die Ansprache oder der Vortrag. Auf sie beziehen sich auch heute noch die gängigen Anleitungen zur Rhetorik, obschon rhetorische Fertigkeiten zunehmend auch von Bedeutung für öffentliche Streitgespräche und Diskussionsrunden (Talk-Shows) sind. Rhetoriklehren in Vergangenheit und Ge-

---

[41] Der fundamentale Nachteil solcher „Führungstechniken" ist allerdings, dass Sie möglicherweise von ihrem Gegenüber nicht die „Wahrheit" erfahren, sondern nur das, was Sie selbst hören „wollten". Am ehesten ergebnisoffen ist noch die Methode des „aktiven Zuhörens", wie sie von *Weisbach* erläutert wird. Überdies versagen Gesprächsführungstechniken zumeist dann, wenn der Gesprächsteilnehmer selbst über die eingesetzten Führungstechniken informiert ist. Dann kann sich wie bei einem Fechtduell ein amüsantes Gespräch entwickeln, bei dem jeder seine Kniffe zur Anwendung bringt; es kann aber auch zu erheblichen Verstimmungen kommen, weil der Gesprächspartner die Manipulationsversuche erkennt.

[42] Das wird in den diversen Anleitungswerken selten so offen gesagt, sondern vielmehr mit viel wohltönenden Worten vernebelt („besser kommunizieren" etc). Lobenswerte Ausnahmen in dieser Hinsicht sind beispielsweise *Schopenhauer*, Eristik oder Die Kunst, Recht zu behalten, der mit schonungsloser Klarheit das Ziel all dieser Methoden beschreibt, sowie *Lay*, Manipulation durch die Sprache, der sehr ausführlich die verschiedenen Manipulationsmethoden vorstellt. In der Sache kann deshalb kein Zweifel bestehen, dass es immer darum geht, andere Menschen zu manipulieren. Sie sollten sich deshalb der Ambivalenz solcher Techniken bewusst sein, auch und gerade in ethisch-moralischer Hinsicht.

[43] *Knape*, Allgemeine Rhetorik, S. 7.

[44] Siehe hierzu *Fuhrmann*, Die antike Rethorik, S. 7.

[45] Vgl. *Perelmann*, Das Reich der Rhetorik, zitiert nach *Knape*, Allgemeine Rhetorik, S. 295.

genwart befassen sich mit ganz verschiedenen Aspekten der Redekunst.[46] Der erste zentrale Gegenstand einer Rhetoriklehre sind zum einen die sprachlichen Formen, die klanglich-rhytmischen, die semantischen und die syntaktischen Mittel, mit denen ein Sprecher sein Publikum zu überzeugen sucht. Zum zweiten befasst die Rhetoriklehre sich mit den logischen Formen einer möglichst überzeugenden Argumentationstechnik.[47] Wichtig sind ferner noch Fragen der Stoffauswahl[48] und in neuerer Zeit die Form der Präsentation unter Einbeziehung technischer Hilfsmittel.[49] Auf die mit diesen Komplexen verbundenen Fragen wird unter § 4 näher eingegangen werden.

> Zusammengefasst bedeutet dies, dass es bei der Schlüsselqualifikation der Rhetorik darum geht, die Fähigkeit zu erwerben, als Sprecher (Redner/Diskutant) durch den gezielten Einsatz sprachlicher Figuren, geschickter Aufbereitung von pro- und contra-Argumenten und sachgerechter Gliederung eines (selbst gewählten oder vorgegebenen) Themas ein Publikum durch das Mittel der Rede von einem bestimmten kommunikativen Ziel zu überzeugen.

e) Mediation

Die Mediation ist ein relativ junges Instrument der Konfliktlösung und gehört zu den neuen Formen der alternativen Streitbeilegung. Sie unterscheidet sich von der gerichtlichen oder der verwaltungsbehördlichen Entscheidung dadurch, dass nicht ein Dritter autoritär entscheidet, sondern eine einvernehmliche Lösung zwischen den Beteiligten über den zugrunde liegenden rechtlichen Konflikt hergestellt wird. Ihr Hintergrund ist die Erkenntnis, dass die in einem Rechtsstaat zur Verfügung gestellten Rechtsbehelfe des Bürgers gegen Verwaltungsentscheidungen häufig nicht zur Befriedung der Konfliktsituation beitragen. Ihren Ausgang hat die Mediation von den Vereinigten Staaten aus genommen.

---

[46] Einen guten Überblick über die Geschichte der Rhetorik und der Rhetoriklehre vermitteln *Fuhrmann*, Die antike Rhetorik, und *Knape*, Allgemeine Rhetorik; zum Verhältnis zwischen Rhetorik und Jurisprudenz, vgl. ferner *Gräfin von Schlieffen/Michaelis*, JA 2003, S. 721.
Klassiker der Rhetoriklehre sind die Werke von *Aristoteles*, Rhetorik und *Quintilian*, Lehrbuch der Redekunst. Zu den heutigen praktisch orientierten Darstellungen der Rhetorik zählen zum Beispiel die Anleitungen von *Mentzel*, Rhetorik; *Schlüter*, Grundkurs der Rhetorik sowie *Franck*, Rhetorik für Wissenschaftler.
[47] Siehe *Fuhrmann*, Die antike Rhetorik, S. 8.
[48] Dies war ein Hauptthema der antiken Rhetoriklehre, vgl. *Fuhrmann*, Die antike Rhetorik, S. 57 f., 68 ff., 78 f., ist aber auch heute noch von Bedeutung.
[49] Siehe hierzu aus der kaum noch überschaubaren Literatur beispielsweise *Seifert*, Visualisieren – Präsentieren – Moderieren oder *Kushner*, Erfolgreich präsentieren für Dummies.

Ihr Anwendungsbereich sind neben Familienkonflikten[50] (Trennung und Scheidung) typischerweise Verwaltungsverfahren, namentlich Genehmigungsverfahren, in denen die Interessen von mehreren Beteiligten bzw. die Abarbeitung komplexer Sachverhalte im Mittelpunkt steht. Bei der Bewältigung dieser multipolaren bzw. multidimensionalen Konflikte stoßen die herkömmlichen Verwaltungsverfahren an ihre Grenzen.[51]

Zur Durchführung einer erfolgreichen Mediation bedarf es zum einen eines sachkundigen Vermittlers, eines Mediators. Da erfolgreiche Mediationen ein hohes Maß an Sachkunde voraussetzen, ist es nicht überraschend, dass für das neue Berufsbild des Mediators eigene Ausbildungsgänge entwickelt worden sind. Weitere Voraussetzungen für eine erfolgreiche Mediation sind immer die Berücksichtigung aller betroffenen Gruppen, die Notwendigkeit von Verhandlungsanreizen und Spielräumen für Kompromisse, ein geordneter Ablauf der Konfliktmittlung sowie die Berufung eines Mediators als neutralen Konfliktmittler, der zudem zum geeigneten Zeitpunkt in die Konfliktmittlung eingeschaltet wird.

- Die Neutralität des Mediators gehört zu den Grundlagen des Mediationsverfahrens[52] und ist die Hauptquelle der Autorität des Mediators, dem – im Unterschied zum Richter – keine vom Staat zugewiesene Autorität zukommt. Das Gebot der Neutralität gehört zum *Berufsethos* des Mediators, der jeden Anschein vermeiden muss, der seine Unparteilichkeit in Frage stellen kann. Deshalb darf der Mediator nicht von einer Partei (finanziell) abhängig sein und zu ihr auch keine persönliche Nähebeziehung unterhalten. Der weitergehende Inhalt des Neutralitätsprinzips ist streitig.[53]

Weitere Einzelheiten zu der Mediation als alternativer Streitbeilegung können Sie der vorzüglichen Darstellung von *Pünder*[54] sowie dem Beitrag von *Dendorfer*[55] entnehmen. Umfassende Auskunft gibt das von *Haft/Schlieffen* herausgegebene „Handbuch der Mediation".

f) Streitschlichtung

Kaum von der Mediation zu unterscheiden ist die Streitschlichtung. Bei der Streitschlichtung geht es ebenfalls um die Fähigkeit, Streitigkeiten zwischen Parteien gütlich zu bereinigen. Kennzeichnend für die Streitschlichtung ist ebenso wie bei der Mediation, dass ein neutraler Dritter eine einvernehmliche Lösung zwischen den Beteiligten zu vermitteln sucht. Indes kann bzw. soll der Streitschlichter –

---

[50] Vgl. hierzu *Mähler/Mähler*, Praktische Einsatzmöglichkeiten der Mediation. Mediation bei Familienkonflikten; in: Breidenbach/Henssler (Hrsg.): Mediation für Juristen, S. 121 ff.

[51] Siehe *Pünder*, in: *Erichsen/Ehlers*, Allgemeines Verwaltungsrecht, § 15 Rn. 1.

[52] *Kracht*, Rolle und Aufgabe des Mediators, S. 370 ff., vgl. auch die zusammenfassende Darstellung bei *Kracht/Rüssel*, JA 2003, 725 ff., speziell zum Neutralitätspostulat, S. 730.

[53] Vgl. hierzu näher *Kracht*, Rolle und Aufgabe des Mediators, S. 370 ff.

[54] *Pünder*, in: *Erichsen/Ehlers*, Allgemeines Verwaltungsrecht, § 15.

[55] *Dendorfer*, in: *Römermann/Paulus*, Schlüsselqualifikationen, §§ 42 – 53.

anders als der Mediator in einer Mediation – in einem Streitschlichtungsverfahren eine viel aktivere Rolle einnehmen. Namentlich soll er den Beteiligten Vorschläge zur Lösung ihres Konfliktes unterbreiten. In manchen Fällen unterwerfen sich die Streitparteien auch dem Entscheidungsvorschlag des Streitschlichters. Details zur Streitschlichtung, insbesondere zu ihrer Bedeutung für die juristische Berufspraxis, finden Sie bei *Koch*.[56]

g) Vernehmungslehre

Die Vernehmungslehre betrifft die Fähigkeit, Zeugen durch geschicktes Befragen sachdienliche Informationen zu entlocken. Sie steht in direktem Zusammenhang mit dem Problem der Beweiserhebung, der Beweisführung und der Beweiswürdigung sowie der Aussagepsychologie. Ihre Bedeutung in der forensischen Praxis kann gar nicht hoch genug eingeschätzt werden.[57]

Aufgrund der engen Verbindung der Vernehmungslehre mit der praktischen Tätigkeit von Juristen in Prozessen und Anhörungen ist sie in besonderem Maße erfahrungsabhängig und nur begrenzt dem universitären Unterricht zugänglich. In gewisser Weise hängt sie sehr stark mit der Gesprächsführung zusammen, da es hier wie dort vor allem darum geht, durch ein Gespräch Informationen zu erlangen. Allerdings kommt es bei der Vernehmungslehre vor allem auf die Fähigkeit an, die richtigen Fragen in der richtigen Reihenfolge zu stellen. Nähere Informationen zur Vernehmungslehre finden Sie in der einschlägigen Spezialliteratur.[58]

III. „Juristische" Schlüsselqualifikationen in der staatlichen Pflichtfachprüfung

Oben konnte bereits festgestellt werden, dass die in § 5 b Abs. 3 Satz 1 DRiG erwähnten Schüsselqualifikationen nur zu einem kleinen Teil mit den in der Literatur zur Arbeitsmethodik für bedeutsam erachteten „Basiskompetenzen" deckungsgleich sind. Noch bemerkenswerter ist nun, welche von den verschiedenen Schlüsselqualifikationen tatsächlich auch nach den Justizprüfungsordnungen der verschiedenen Länder in der neuen staatlichen Pflichtfachprüfung geprüft werden und somit examensrelevant sind.[59] In dieser Hinsicht ergeben sich zwei weitere Überraschungen. Zum einen wird, wenn überhaupt, nur ein kleiner Ausschnitt aus der Vielzahl der juristischen Schlüsselqualifikationen geprüft. In der Regel handelt es sich um die Kompetenzen auf dem Feld der Rhetorik, Vortrags- und Gesprächstechnik. Zum zweiten darf konstatiert werden: Es handelt sich bei diesen Kompe-

---

[56] *Koch,* in: *Römermann/Paulus,* Schlüsselqualifikationen, §§ 38 – 41.
[57] Vgl. *Wendler,* in: *Römermann/Paulus,* Schlüsselqualifikationen, § 54 Rn. 1.
[58] Siehe etwa *Bender/Nack/Treuer,* Tatsachenfeststellung vor Gericht. Glaubwürdigkeits- und Beweislehre, Vernehmungslehre, 3. Aufl. 2007; *Hermanutz/Litzcke,* Vernehmung in Theorie und Praxis; *Milne/Bull,* Psychologie der Vernehmung; *Schneider,* Leitfaden für die polizeiliche Vernehmung.
[59] Ausführlich dazu § 5.

tenzen nicht um spezifisch juristische Schlüsselqualifikationen, sondern es sind gerade die Qualifikationen, die auch nach Auffassung der Selbstmanagement- und Arbeitsmethodikliteratur als genuine Schlüsselqualifikationen anzuerkennen sind. Aus diesem Grund beschäftigen sich die Grundkurse dieses Buches auch und gerade mit diesen „echten" Schlüsselqualifikationen und nicht mit den nur vermeintlichen Schüsselqualifikationen wie Vernehmungslehre oder Mediation etc. Für diese ist die oben erwähnte Spezialliteratur heranzuziehen.

IV. Zusammenfassung

Für die Zwecke dieses Buches ist daher festzuhalten, dass es in erster Linie die Schlüsselqualifikationen behandelt, die auch Gegenstand des Staatsexamens sind. Auf solche Schlüsselqualifikationen, die eher den Charakter von fachlichen Kompetenzen haben, geht es nicht vertieft ein.

§ 4 Die Vermittlung von Schlüsselqualifikationen: Theoretischer Teil

I. Grundkurs in Rhetorik

Rhetorik ist – wie oben erläutert – die Kunst der Beredsamkeit, die Theorie und Praxis persuasiven Sprechens. Rhetorik ist somit eine Frage des geschickten Einsatzes sprachlicher Mittel. Sie dient der „Sicherung der Überzeugungskraft"[60] und beinhaltet die Technik, andere mittels Sprache für den eigenen Standpunkt zu gewinnen.

Diese Methode der Überzeugung anderer Menschen durch Kommunikation ist wertneutral. Sie kann – wie schon eingangs erwähnt – zu ganz unterschiedlichen, auch verwerflichen Zwecken eingesetzt werden. Aus diesem Grund standen bedeutende Denker wie *Platon*, *Epikur* oder *Kant* der Rhetorik skeptisch bis ablehnend gegenüber. Gerade im Recht war ihre Rolle zu keiner Zeit unumstritten.[61] Die Rhetorik hat aber auch zu allen Zeiten ihre Verteidiger gefunden. Philosophen wie *Aristoteles* oder *Perelman*, Juristen und Politiker wie *Cicero* oder Praktiker der Rhetorik wie *Quintilian* oder *Gottsched* haben sich um die Anerkennung der Rede- und Argumentationskunst als ein Versuch zur Lösung der grundlegenden zwischenmenschlichen Kommunikationsprobleme bemüht und dauerhafte Aussagen über kommunikative Angemessenheitsregeln, Sprachgebrauchsprinzipien, Wirkungsfragen sowie Vertextungs- und Performanzregeln[62] erarbeitet.

Aus diesen Erkenntnissen und dem von den Meistern der Rhetorik erstellten reichhaltigen Fundus rhetorischer Figuren dürfen wir schöpfen. Moderne Anleitungswerke zur Rhetorik, deren Zahl kaum noch zu überschauen ist, greifen deshalb auf die schon in der Antike entwickelten Rezepte zurück; allerdings wird dies nicht immer offen dargelegt. Die nachfolgenden Hinweise stellen einen kurzen Abriss der verschiedenen rhetorischen Mitteln dar. Wer sich vertieft über die Theorie der Rhetorik sowie zur Praxis der Rhetorik informieren möchte, findet umfassende Hinweise bei *Knape*, Theorie der Rhetorik.

Noch ein kurzes Wort zum Verständnis der inhaltlichen Bedeutung des Begriffs Rhetorik. Rhetorik bzw. rhetorische Figuren ist/sind die Grundlage sowohl für die Präsentation eines Vortrags als auch für das überzeugende Verhalten in einer

---

[60] *Ballweg*; Phronetik, Semiotik und Rhetorik, S. 40.
[61] Dazu sehr anschaulich *Gräfin von Schlieffen*, in: Römermann/Paulus, Schlüsselqualifikationen, § 33 Rn. 4 ff.
[62] Vgl. hierzu *Knape*, Allgemeine Rhetorik, S. 19.

Diskussions- oder Debattierrunde. Vielfach wird Rhetorik auch – implizit oder explizit – als deckungsgleich mit Vortragskunst und Diskussionstechnik betrachtet.[63] Diese terminologischen Fragen sollen hier zurückgestellt werden; in diesem Abschnitt soll es vor allem darum gehen, Ihnen die sprachlichen Mittel, insbesondere bestimmte Redefiguren, und bestimmte Formen der Gestik und des Einsatzes der Stimme vorzustellen, die sich im Laufe der Jahrhunderte als wirkungsvoll erwiesen. Diese Mittel kann man einmal nach ihrer Ausdrucksgrundlage (schriftlich, mündlich, körperlich) oder nach ihrer Zielrichtung in Gestalt von Logos, Ethos und Pathos gliedern.

1. Ausdrucksformen

a) Der Einsatz der Sprache: Das Arsenal sprachlicher Figuren

Die folgenden rhetorischen Figuren oder Wirkungsmittel gelten sowohl für geschriebene als auch für gesprochene Texte. Sie sind von verschiedenen Autoren in einem System rhetorischer Figuren zusammengefasst worden. Die nachfolgende Aufstellung folgt der Systematisierung bei *Schlüter*, Handbuch der Rhetorik.[64]

Die erste Gruppe umfasst die *Figuren der Wiederholung*.[65] Zu ihnen gehören:

- die *Doppelung*, Bsp.: „niemals, niemals würde ich…",
- die *Anapher*: Benachbarte Sätze beginnen mit den gleichen Wörtern. Bsp.: „Die Klage ist unbegründet, denn… . Die Klage ist aber auch deshalb unbegründet, weil …"; „*Sowenig* das Bundesverfassungsgericht berufen ist, als Revisions- oder gar 'Superrevisions'-Instanz gegenüber den Zivilgerichten tätig zu werden, *sowenig darf* es von der Nachprüfung solcher Urteile allgemein absehen und an einer in ihnen etwa zutage tretenden Verkennung grundrechtlicher Normen und Maßstäbe vorübergehen"; „*Auch* Urteile des Zivilrichters, die auf Grund ‚allgemeiner Gesetze' bürgerlich-rechtlicher Art im Ergebnis zu einer Beschränkung der Meinungsfreiheit gelangen, können das Grundrecht aus Art. 5 Abs. 1 Satz 1 GG verletzen. *Auch* der Zivilrichter hat jeweils die Bedeutung des Grundrechts gegenüber dem Wert des im ‚allgemeinen Gesetz' geschützten Rechtsguts für den durch die Äußerung angeblich Verletzten abzuwägen",

---

[63] Vgl. beispielsweise *Mentzel*, Rhetorik, der in seinem unter dem Titel „Rhetorik" erschienen Buch nahezu ausschließlich Fragen der Vortragstechnik abhandelt; ähnlich auch *Franck*, Rhetorik für Wissenschaftler.

[64] *Schlüter*, Grundkurs der Rhetorik, S. 27 ff. Das Werk ist inhaltsgleich und mit gleicher Seitenzählung später nochmals unter dem Titel „Das Handbuch der Rhetorik" aufgelegt worden. Dort finden Sie auf den Seiten 316 ff. eine Redeanalyse mit der Herausstellung zahlreicher rhetorischer Figuren. Sehr lesenswert! Erstklassige Redeanalysen finden sich auch bei *Lay*, Manipulation durch die Sprache, S. 346 ff.

[65] Lesen Sie BVerfGE 7,198. Dieses Urteil ist voll von Figuren der Wiederholung und des lexikalischen Bereichs! Soweit nicht anders gekennzeichnet, sind alle nachfolgenden Beispiele aus der Judikatur diesem Urteil entnommen.

- die *Kette*: Ein Ausdruck eines vorangegangenen Satzes wird im Folgesatz wieder aufgegriffen. Bsp.: „Der Anspruch kann nicht auf § xy gestützt werden, er kann aber auch nicht auf § z gestützt werden"),
- der *Refrain*: In Abständen wiederholt der Redner einen Ausdruck oder einen ganzen Satz. Zur Figur des Refrain lesen Sie etwa die Grabrede des Mark Anton in *Shakespeares* Julius Cäsar: „und Brutus ist ein ehrenwerter Mann". Diese Aussage wird permanent wiederholt; sie ändert im Laufe der Rede aber ihre Bedeutung hin zur Ironie,
- die *Verdeutlichung*: Ein zunächst allein stehendes Substantiv oder Verb wird im zweiten Anlauf durch ein Adjektiv oder Attribut näher beschrieben. Bsp. „Ein Urteil, ein *bedeutendes* Urteil ohne Frage",
- die *Bekräftigung*: Eine Aussage oder ein Begriff wird im zweiten Anlauf durch Wendungen betont, die Zweifel ausschließen sollen. Bsp.: *„Ohne Zweifel* sind die Grundrechte in erster Linie dazu bestimmt, ...; So beeinflusst es [i.e. das Grundgesetz] *selbstverständlich* auch das bürgerliche Recht",
- die *Alliteration*: Die Wiederkehr gleicher Laute, insbesondere gleicher Anfangslaute bei aufeinander folgenden Wörtern zur Erzielung von Klangeffekten und als verbindendes Prinzip. Bsp.: „*W*issen und *W*ollen der Tatbestandsverwirklichung"; „*G*ute *G*ründe sprechen für die Position der Rechtsprechung",
- die *Rhytmisierung*: Die Wiederkehr gewisser Gruppierungen von betonten und unbetonten Silben.

Figuren der Wiederholung sind wirkungsvolle Instrumente, denn ständige, abwechslungsreiche Wiederholung ist ein machtvolles Mittel, andere zu überzeugen.[66]

Die zweite Kategorie sind die *Figuren des lexikalischen Bereichs*. Zu ihnen zählen

- der *veraltete Ausdruck*,[67] Bsp.: Die Fahrnis. Fahrnis ist zwar ein Rechtsbegriff, den aber im alltäglichen Sprachgebrauch niemand mehr verwendet, wenn man bewegliche Sachen meint,
- die *Neubildung,* Bsp.: „Risikoerhöhungslehre", „Viktimodogmatik", „Ausstrahlungswirkung" der Grundrechte; „Grundrecht auf informationelle Selbstbestimmung",

---

[66] Vgl. dazu auch *Lay*, Manipulation durch die Sprache, S. 285 ff.
[67] Die Stuttgarter Band „*Freundeskreis*" um den Sänger Max *Herre* arbeitet nicht nur im Bandnamen mit einem zumindest in der Jugendsprache veralteten Ausdruck, sondern auch in den Liedtexten. Vgl. z. B. aus dem Debütalbum „Quadratur des Kreises" die Verwendung des Begriffs „*Waldlauf*" anstatt „joggen" im Lied „Telefonterror" oder im Stück ANNA der Begriff „Fachgeschäft" (... floh ich unter das Vordach des Fachgeschäfts ...). Auch die Anrede „Anna, ich fänd es schön mit Dir *auszugehen*" und die Passage „ich fand an ANNA *allerhand*" kokettieren mit antiquiertem Sprachgebrauch, der offensichtlich bewusst den umgangssprachlichen Wendungen in den Texten anderer Hip-Hop Bands entgegen gesetzt wird.

- *Fremdwörter,* Bsp.: „Akzessorietät", „Präklusion", „ordre public", die „Kommune" (statt Gemeinde),
- der *Stilbruch*: Ausdrücke und Wendungen verschiedener Sprachebenen werden bewusst miteinander vermischt,
- die *Metapher*: Der bildliche Ausdruck, Bsp.: „Täter hinter dem Täter", „der Grundrechtskern", „der Wesensgehalt des Grundrechts", „Stadt des Rechts" (früher Leipzig, heute Karlsruhe), „Spree-Athen" (für Berlin),
- die *Metonymie*: Die Übertragung, Bsp.: „Karlsruhe sieht das wie folgt" anstatt „Der Bundesgerichtshof sieht das wie folgt".
- die *Umschreibung*: Statt eine Person oder Sache mit ihrem Namen zu nennen, werden einige ihrer Eigenschaften angeführt; die Umschreibung eignet sich auch für Begriffsverschiebungen und Verschleierungen, namentlich in Form von Euphemismen, Bsp.: „Rückbau" statt Abriss,
- die *Hyperbel:* Übertreibung. Bsp.: „Du bist der einzige Mensch auf der ganzen Welt",
- die *Litotes*: Doppelte Verneinung. Bsp.: „Ich bestreite nicht, dass ich dich nicht geschlagen habe", „Er hat sein Opfer nicht unerheblich verletzt", „in nicht seltenen Fällen wird..." (statt „oft" oder „in vielen Fällen"),
- die *Emphase*: Der Nachdruck. Bsp.: „Für eine freiheitlich-demokratische Staatsordnung ist es schlechthin konstituierend, denn es ermöglicht erst die ständige geistige Auseinandersetzung, den Kampf der Meinungen, der ihr *Lebenselement* ist".

Zu den Figuren des lexikalischen Bereichs zählen ferner das *Paradoxon* (der Scheinwiderspruch), Bsp.: „Ich liebe dich fürchterlich", das *Wortspiel*, die *Ironie* und die *rhetorische Frage,* Bsp.: „ist es nicht so, dass ...?"

Drittens zu nennen sind die *Figuren des syntaktischen Bereichs*. Sie betreffen die bewusste Abweichung vom schulmäßigen Satzbau. Diese Abweichung kann auftreten in Form der *Umstellung*, Bsp. (aus BGHSt 35, 347 „Katzenkönigfall"): „Ohne Rechtsfehler hat die Strafkammer bei diesem Angeklagten die Voraussetzungen des versuchten heimtückischen Mordes bejaht" oder in Form der *Auslassung* bzw. des *Satzbruchs*.

Die Umstellung zeigt sich entweder in der emphatischen Umstellung (Ist es demokratisch, dass...?) oder in der Kreuzstellung („Du liebst mich und dich liebe ich" = Chiasmus). Die *Auslassung* oder *Ellipse* tritt auf als Klammer (Cäsar kam, sah und siegte), in der Syllepse (der schiefen Klammer), der Unterdrückung des „und" oder im Verzicht auf Aussagenelemente, die sich in einer bestimmten Situation von selbst verstehen. Schließlich kommen Abweichungen in Gestalt der *Satzstörung* auf. Satzstörungen sind der Einschub oder Satzbruch (Ein schönes Beispiel bei Günter *Anders*, Die Antiquiertheit des Menschen: „Weil über sie verfügt ist. Auch wir können frei darüber entscheiden, ob wir uns unser Heute als Bombenexplosion oder als Bobsleighrennen servieren lassen. Weil über uns, die wir diese freie Wahl treffen, weil über unsere freie Wahl, bereits verfügt ist.").

In Gerichtsurteilen wird häufig mit *Auslassungen* gearbeitet, Bsp.: „Auch jetzt *besteht kein Anlass*, die Streitfrage der so genannten ‚Drittwirkung' der Grundrechte in vollem Umfang zu erörtern. Zur Gewinnung eines sachgerechten Ergebnisses genügt folgendes".

Die vierte Gruppe sind die *Figuren des kompositorischen Bereichs*, durch welche auf die „natürliche Ordnung" durch Veränderungen Einfluss genommen wird. Es handelt sich um

- den *Vorgriff*: Ein logisch, sachlich oder zeitlich nachrangiges Thema wird vor dem logisch, sachlich oder zeitlich vorrangigen Problem behandelt, Bsp.: Bevor ich zu dem Hauptteil meines Vortrages komme, möchte ich Ihnen noch kurz aufzeigen, dass ... ",
- den *Rückgriff*: Ein schon behandeltes Thema wird nochmals aufgegriffen; in Hausarbeiten oder Klausuren typischerweise durch Verweis nach oben,
- den *Sprung*: Ohne argumentative Überleitung wird von einem Gedanken zum nächsten gesprungen: „Auch jetzt *besteht kein Anlass*, die Streitfrage der so genannten "Drittwirkung" der Grundrechte in vollem Umfang zu erörtern. Zur Gewinnung eines sachgerechten Ergebnisses genügt folgendes",
- die *Steigerung*, Bsp.: Für eine freiheitlich-demokratische Staatsordnung ist es *schlechthin konstituierend*, denn es ermöglicht erst die ständige geistige Auseinandersetzung, den Kampf der Meinungen, der ihr *Lebenselement* ist (Steigerung: von schlechthin konstituierend zum Lebenselement) sowie

den *Exkurs*, die *Zweier-* und *Dreiergruppe*, den *Gegensatz*, und die *Häufung*. Figuren des kompositorischen Bereichs sind vor allem für einen mündlichen Vortrag geeignet, kommen aber auch in Texten gelegentlich vor.

Die fünfte und letzte Kategorie bilden die *Figuren des argumentatorischen Bereichs*. Sie zielen auf die psychologische Unterstützung des Redners. Zwei Untergruppen lassen sich hier ausmachen:

Untergruppe 1 sind die Figuren der Publikumszugewandtheit wie Aufrütteln, das Versprechen der Kürze (kommt häufig vor und wird fast immer gebrochen), Bescheidenheit, Anheimstellung (bekanntes Beispiel aus Goebbels berüchtigter Sportpalastrede: „Wollt ihr Butter oder Kanonen?"), das Zugeständnis („Da mögen Sie recht haben, aber letzten Endes meine ich doch ...") und der Anruf („Meine Damen und Herren").

Zur Untergruppe 2, den Figuren der Sachgewandtheit, gehören die Detaillierung, der Augenschein, das Beispiel, der Vergleich, die Sentenz oder Gemeinspruch, die Definition, das Streifen sowie das (Schein)Übergehen. Figuren der Untergruppe 2 kommen in Urteilen, Schriftsätzen oder rechtswissenschaftlichen Aufsätzen häufig vor. Vgl. z. B. für Detaillierung und Vergleich: „*Es wäre nicht einzusehen*, warum zivilrechtliche Vorschriften, die die Ehre oder andere wesentliche Güter der menschlichen Persönlichkeit schützen, nicht ausreichen sollten, um der Ausübung des Grundrechts der freien Meinungsäußerung Schranken zu setzen, auch ohne dass zu dem gleichen Zweck Strafvorschriften erlassen werden." Eine geradezu klassische Wendung in juristischen Arbeiten, durch die eine Auslassung gekennzeichnet wird, lautet: „Es kann dahingestellt bleiben, ob ..." oder „Die Frage braucht jedoch hier nicht grundsätzlich entschieden zu werden, denn ... ."

b) Der Einsatz des Körpers: Mittel der Gestik und Mimik

Neben sprachlichen Figuren spielen bei Vorträgen auch die Gestik und die Mimik eine wichtige Rolle. Sie sagt zum einen sehr viel über die Befindlichkeit des Sprechers aus. Die (unbewusste) Körpersprache des Redners spiegelt – dies hat die psychologische Wissenschaft nachgewiesen – zumindest einen Teil seines geistig-seelischen Zustands wider. Vermeiden Sie also eine gebückte Haltung, wenn Sie zum Podium schreiten, und schauen Sie nicht dauernd zweifelnd. Gehen Sie aufrecht, lächeln Sie und geben Sie immer einen starken Händedruck![68]

Im Zusammenhang mit der Rhetorik ist aber der *bewusste* Einsatz der Gestik bzw. der Körpersprache von Interesse. Bewusst eingesetzte Körpersprache kann sehr wirkungsvoll sein; dies belegen zahlreiche historische Beispiele wie Hitlers einstudierte Posen und der Auftritt Chruschtschow vor der Uno, als er mit dem Schuh auf das Rednerpult schlug. Drei Bereiche des menschlichen Körpers sind besonders wichtig: Kopf und Augen, die Hände und schließlich der ganzer Körper.

Ein erstes zentrales Mittel der Gestik und Mimik ist der Einsatz des Kopfes und der Augen. Mit den Augen stellen Sie Blickkontakt zwischen sich und dem Publikum her und begründen dadurch eine Atmosphäre des Vertrauens und Wohlwollens. Mit dem Kopf können Aussagen verstärkt werden. Durch Kopfschütteln etwa wird eine negative Aussage oder Frage verdeutlicht, durch Nicken das Gegenteil (jedenfalls im westlichen Kulturkreis. In Indien hingegen bedeutet Kopfschütteln Zustimmung!).

Das zweite Mittel ist der Einsatz der Hände. Sie können ihre sprachlichen Figuren damit sehr schön optisch veranschaulichen. Besonders populär sind derzeit die in die Luft gemalten „Anführungszeichen". Aber auch der Fingerzeig oder das „Unterstreichen" mit den Händen kann sehr wirkungsvoll sein. Über andere Formen der Handgestik kann man sehr unterschiedlicher Meinung sein und es hängt von den Umständen ab, ob man mit der Faust auf den Tisch schlägt, um überzeugend zu wirken oder nicht.

Schließlich kann man den Körper einsetzen. So kann schon ein Hin- und Hergehen im Raum sich als wirkungsmächtig erweisen. Man kann den Körper aber auch wie bei einem Schauspieler oder Pantomimen einsetzen, um seine Aussagen zu erläutern.

c) Stimmliche Mittel

Nicht zu vergessen ist bei gesprochenen Texten schließlich die Stimme. Sie ist das Medium, mit dem Sie ihre Botschaft an die Zuhörer vermitteln. Deshalb sollten Sie sie pflegen. Als Mittel der Rhetorik kann sie vornehmlich in dreifacher Weise verwendet werden. Erstens im Wege der Lautstärke, namentlich die Laut-Leise-Varianz. Der Kontrast zwischen normaler Lautstärke und der Abweichung hin zum lauten oder leisen Sprechen kann große Wirkung erzielen. Zweitens die Sprechgeschwindigkeit. Gezielte Abwechslung zwischen schnellen Passagen, die eine besondere Dramatik der Situation verdeutlichen, und langsamen Passagen, die den Zuhörern die Möglichkeit, selbst wieder Atem zu holen, erhöhen die Wirkung der Rede. Drittens im Wege der Sprachmelodie. So vermag gezielte Monotonie, gedehnte Sprache oder überdeutliches Sprechen gepaart mit blitzartigem

---

[68] Man kann es (leider) nicht ändern – viele Menschen reagieren auf solch einfache Dinge ausgesprochen positiv.

Wechsel zu normaler Intonation die Spannung der Zuhörer erhöhen. Eindrucksvoll ist auch das bewusste Setzen von Pausen.

> *Fazit*: Die Abwechslung im Einsatz der Sprache ist der entscheidende Faktor. Wichtig ist aber auch, diese Dinge nicht zu übertreiben und in Extreme zu verfallen: Ein sprachlicher Sing-Sang kann die Zuhörer auch verärgern.

2. Wirkungsmittel: Logos, Ethos und Pathos

Die vorgenannten Ausdrucksformen können auf ganz unterschiedlichen Ebenen den Menschen ansprechen. Eine Reihe von Figuren zielt auf den Kopf, auf den Logos. Andere wiederum sprechen eher die Gefühle an; bei ihnen geht es um das Herz, um Pathos. Und andere schließlich zielen auf die sozialen und ethischen Vorstellungen des Publikums wie Gerechtigkeit, Moral oder Tradition.

a) Logos

Der Logos zielt auf den Verstand. Als rhetorische Taktik versucht er durch Sachlichkeit, plausible Prämissen und richtiges Schlussfolgern, also mit Mitteln der Argumentationskunst, der Dialektik, zu überzeugen. Entscheidend für das Gelingen der Argumentation sind richtig hergeleitete Begründungen, die ihrerseits auf zutreffenden Voraussetzungen und Annahmen beruhen. Der Logos ist daher ein sehr anspruchsvolles und zugleich mühevolles Verfahren. Sein Wirkungserfolg ist – anders als man denken könnte – auch in der Juristerei nicht garantiert, denn nicht immer ist der Leser oder das Publikum gewillt, diesen Weg mitzugehen.

Das Verfahren des Logos ist zudem durch eine Reihe von Fehlerquellen gefährdet. Dies betrifft schon die Ebene der Prämissen. In der Juristerei geht es dabei vor allem um die Tatsachen: Ist der Sachverhalt unzutreffend ermittelt oder – etwa in der Klausursituation- falsch verstanden worden, nutzt die beste juristische Lösung herzlich wenig. Aber auch in der allgemeinen Rhetorik kann die Technik des Logos nur wirken, wenn das Publikum die Grundannahmen des Redners teilt, wenn also die Aussagen, die er aufstellt, als plausibel empfunden werden. Stimmt der Leser oder das Publikum den Aussagen zu,[69] kann gleichwohl das Schlussverfahren an Mängeln leiden. Mit der Lehre vom richtigen Schließen beschäftigt sich die Syllogistik (wenn a dann b, wenn b dann c, also wenn a dann c), die in der Rhetorik allerdings nur begrenzt ihren Platz findet. In der juristischen Rhetorik spielt vielmehr das Enthymem die Hauptrolle. Bei diesem Verfahren werden ein-

---

[69] Aussagen, die alle für richtig halten, so genannte Allgemeinaussagen oder Endoxa, sind etwa „Die Erde ist eine Kugel" oder „Der Tag hat 24 Stunden". Schon nicht mehr für jedes Publikum gültig ist die Aussage „Die Demokratie ist die beste Staatsform" oder „Die Todesstrafe bleibt abgeschafft". Wird ein Endoxon zu einer stehenden Redewendung oder Schlagwort, spricht man von einem Topos. Topoi sind in der Juristerei sehr verbreitet, so etwa solche Standardargumente wie Treu und Glauben oder Vertrauensschutz. Zu diesen Fragen ausführlich *Gräfin von Schlieffen*, in: Römermann/Paulus, Schlüsselqualifikationen, § 36 Rn. 67 ff.

zelne Schlussglieder bewusst weggelassen, weil sie als „selbstverständlich" erscheinen. Beispiel: „A hat das Auto des B, eine Sache, vorsätzlich beschädigt, also hat er nach § 823 Abs. 1 BGB Schadensersatz zu leisten." (Dass das Auto eine Sache ist, wird als unproblematisch vorausgesetzt. Die Aussage enthält aber noch weitere Unterstellungen. Welche?).

Der Logos ist daher ein Wirkungsmittel, das für sich allein noch nicht den rhetorischen Erfolg begründet. Er bedarf der Unterstützung und Begleitung durch die beiden anderen Mittel, den Pathos und den Ethos.

b) Pathos

Anders als der Logos spricht der Pathos die emotionale Seite des Menschen an.[70] Die Mittel des Pathos, so *Gräfin von Schlieffen*, „umfassen alle Formen der menschlichen Ausdruckskraft. Mit Tonfall, Lautstärke, Mimik, Gestik oder Körperhaltung kann der Redner Gemütszustände demonstrieren, die beim Publikum Widerhall finden".[71] Aber auch Bilder, Gegenstände oder das Papier auf dem man schreibt, sind ebenso Mittel des Pathos wie bestimmte Stilmittel, die oben bereits erwähnt worden sind. Zum Pathos durch Stil gehören in der Juristerei etwa[72] die Wiederholung, die Alliteration, die Inversion, die Differenzierung, die Restriktion, die Antithese oder die Litotes. Weite Verbreitung finden auch Sinnfiguren wie Metaphern, Ironie oder Zitate sowie Handlungsfiguren.

Diese Figuren sind auch im Recht unentbehrlich, weil sie juristische Argumentation sinnlich machen. Sie werden gerne dann eingesetzt, wenn das logische Argument Schwächen aufweist.[73] Ein Tipp: Schauen Sie sich Entscheidungen der Bundesgerichte gerade einmal daraufhin an, an welchen Stellen rhetorische Figuren des Pathos eingesetzt werden. Sie werden überrascht sein – kaum ein Urteil kommt ohne Pathos aus.

c) Ethos

Der Ethos betrifft vor allem die Glaubwürdigkeit des Schreibers oder Sprechers – wirkt er oder das, was er sagt, „echt" oder ist alles bloßer Schein? Solche Authentizität lässt sich auf verschiedenen Wegen herstellen. Glaubwürdigkeit kann zum einen durch das *Erscheinungsbild* eines Textes oder eines Sprechers hergestellt werden. Schauen Sie beispielsweise auf Ihre Klausuren oder Hausarbeiten: Finden Sie ihr Produkt überzeugend? Ein Text mit wenig Korrekturen, sorgfältiger Handschrift, klarer Gliederung etc. wirkt überzeugender als eine Blättersammlung, bei der jedes dritte Wort durchgestrichen ist. Gleiches gilt für das Auftreten eines Redners: Ungewaschene Haare, zerrissene Hosen, zu kurze Röcke, bauchnabel-

---

[70] *Lay* hält die Fähigkeit, Gefühle anzusprechen, für ein ganz wichtige Qualifikation des Redners, weil Menschen von Gefühlsregungen viel stärker beeinflusst werden als von rationalen Erwägungen, vgl. *Lay*, Manipulation durch die Sprache, S. 293 ff.
[71] *Gräfin von Schlieffen*, in: Römermann/Paulus, Schlüsselqualifikationen. § 36 Rn 54.
[72] Ausführlich hierzu *Gräfin von Schlieffen*, in: Römermann/Paulus, Schlüsselqualifikationen. § 36 Rn. 58 ff.
[73] Vgl. Gräfin von Schlieffen, in: Römermann/Paulus, Schlüsselqualifikationen. § 36 Rn. 62 ff.

freie Tops und T-Shirts und schlechtes Benehmen zerstören Glaubwürdigkeit. Gepflegtes Aussehen, passende und angemessene Kleidung und elegante Umgangsformen erhöhen die Wirkung.

Das zweite Ethosmittel, um Glaubwürdigkeit herzustellen, ist der Rückgriff auf Autoritäten, auf Traditionen und auf Gewohnheiten. Besonders der Verweis auf ehrwürdige Institutionen („Das Bundesverfassungsgericht"), verdiente und respektierte Personen („um mit *Dürig* zu sprechen", „so auch der Präsident des BVerfG, *Papier*") oder „herrschende" Auffassungen"[74] ist in der Juristerei eine anerkannte Methode.

Letztendlich geht es beim Ethos also darum, den Eindruck von Professionalität und Integrität zu vermitteln. Doch integer wirkt nur der, der auch integer ist. Deshalb führt die Ethoslehre zurück zu der Frage zu unserer Stellung in der Gesellschaft und zu unserem höchstpersönlichen Bild von uns und den Menschen. Auf diese Fragen aber kann die Rhetorik selbst keine Antwort geben, vielleicht aber die Philosophie und die Religionen.[75]

II. Grundkurs in Vortragstechnik

Die Kunst, das Erarbeitete ansprechend und überzeugend einem Publikum zu präsentieren – darum geht es bei der Vortragstechnik. Auch auf diesem Gebiet herrscht – wie bei der Rhetorik – an Anleitungsliteratur kein Mangel. Hier geht es darum, Ihnen mit wenigen Bemerkungen die wichtigsten allgemeinen Grundsätze der Vortragstechnik zu vermitteln.[76] Abgesehen von den *allgemeinen Strukturmerkmalen*, die für alle Vorträge, unabhängig von Thema, Zielgruppe und Anlass gelten, werden in der nachfolgenden Darstellung zudem die Bedingungen berücksichtigt, unter den Juristinnen und Juristen in der Berufspraxis üblicherweise um Vorträge gebeten werden. Ob Sie später als Juristin oder Jurist in einem Unternehmen tätig sind und hier zum Beispiel ihre Kollegen über die Rechtslage informieren sollen, ob Sie im Referendariat einen Aktenvortrag halten[77] oder auf einer Fachtagung einen Vortrag über eine rechtswissenschaftliche Fragestellung halten, stets werden von Ihnen im besonderen Maße die Wahrung der Sachebene und sachadäquate Ernsthaftigkeit erwartet. Wie sich diese Vorgaben in ihrem Vortrag niederschlagen, wird nachstehend dargelegt. Zugleich ist auf einige *Besonderheiten* des Vortrags in der staatlichen Pflichtfachprüfung einzugehen, die von den etablierten Anleitungswerken nicht berührt werden.

Wer sich vertieft mit Problemen des Vortrags sowie der Präsentation beschäftigen möchte, findet reiche Anregungen bei *Franck*, Rhetorik für Wissenschaftler,

---

[74] Was populär ist, ist aber nicht notwendigerweise auch richtig oder wahr.
[75] Vgl. dazu die Literatur zur Lebenskunde.
[76] Eine „Checkliste" für ein gelungenes Referat bzw. einen gelungenen Vortrag finden Sie im Anhang. Lehrreiche Beispiele für die Gestaltung des Vortrags können Sie dem Beitrag von *Leist*, JuS 2003, 441 ff. entnehmen.
[77] Dieser hat strenge Formvorgaben zu berücksichtigen, die in der Ausbildungsliteratur für Rechtsreferendare geschildert werden.

Seibert, Visualisieren – Präsentieren – Moderieren oder *Kushner*, Erfolgreich präsentieren für Dummies.

1. Grundelemente eines jeden Vortrags

a) Die Übernahme des Wortes und die Begrüßung des Publikums

Bei einem klassischen akademischen Vortrag aber auch zum Beispiel bei einem Referat im Seminar, wird der Vortrag regelmäßig durch eine andere Person, zum Beispiel den Tagungsleiter oder den Hochschullehrer, in dessen Seminar sie ein Referat halten, angekündigt und Ihnen wird förmlich das Wort erteilt. Nicht unbedingt im Seminar, aber stets im Fall des akademischen Vortrags auf einer Tagung oder sonstigen größeren Veranstaltung, bei der möglicherweise auch zunächst seitens der moderierenden Person einige Worte über den Lebenslauf des Vortragenden gesagt werden, ist es üblich, sich bei Übernahme des Wortes kurz zu bedanken (z.B.: „Herzlichen Dank für die freundliche Einführung!"). Am besten ist es, sich diese Worte vorher genau zu überlegen. Ansonsten besteht die Gefahr, dass Sie das Gegenteil von dem sagen, was Sie beabsichtigen und so Ihre eigentlichen Wünsche verraten. *Sigmund Freud* berichtet im Zusammenhang mit der Darstellung so genannter „Fehlleistungen" zum Beispiel von dem Präsidenten eines Abgeordnetenhauses, der eine Sitzung mit den Worten eröffnet hatte: „Meine Herren, ich konstatiere die Anwesenheit von ... Mitgliedern und erkläre somit die Sitzung für *geschlossen*".[78]

Erst nach der – hoffentlich fehlleistungsfreien – Begrüßung wenden Sie sich Ihrem Publikum zu, über das Sie Ihren Blick freundlich schweifen lassen. Im Fall des akademischen Vortrags beginnen Sie jetzt mit der Anrede Ihres Publikums (z.B. „Sehr geehrte Damen und Herren"). Je nach Anlass können auch Abstufungen geboten sein und es ist ratsam, besondere Gäste unter namentlicher Nennung zu begrüßen (Frau Bundeskanzlerin, sehr geehrte Damen und Herren!). Im Seminarreferat wird dies aufgesetzt klingen, halten Sie jedoch Ihren Examensvortrag im Rahmen des universitären Teils des Staatsexamens, kann eine entsprechende Begrüßung der besonderen Situation angemessen sein. (So hatte zum Beispiel ein Teilnehmer eines Seminars seinen Examensvortrag mit den Worten „Sehr geehrter Herr Professor Schneider, Herr Dr. Müther, liebe Kommilitonen" eingeleitet. Seitens des Erst- und Zweitberichterstatters und seitens der Studierenden wurde dies weder als gestelzt noch als unangemessen oder übertrieben wahrgenommen). Bei der Anrede in derart förmlichen Situationen wird der höchste akademische Grad oder Titel dem Namen hinzugefügt (also: „Herr Professor Schneider / Herr Privatdozent Brinktrine", nicht: „Professor Schneider", oder richtig auch „Herr Professor Dr. Schneider / Herr Privatdozent Dr. Brinktrine"). Danach beginnen Sie sofort mit dem Vortrag, bei dem folgende Aspekte zu berücksichtigen sind.

---

[78] Sigmund *Freud*: Studienausgabe Bd. 1: Vorlesungen zur Einführung in die Psychoanalyse, S. 57.

b) Der klassische Aufbau eines Vortrags

Jeder Vortrag *braucht* eine Struktur, und jeder gelungene Vortrag *hat* eine Struktur. Diese Struktur ist letztendlich immer dieselbe. Der amerikanische Schriftsteller Mark *Twain* bemerkte dazu einmal, „eine gute Rede hat einen guten Anfang und ein gutes Ende – und beide sollten dicht beieinander liegen".

Damit ist im Wesentlichen auch schon alles umrissen, was den *Aufbau* eines guten Vortrags ausmacht. Jeder Vortrag braucht eine zündende Einleitung, einen klar strukturierten Hauptteil und einen überzeugenden Schluss. Um diese Wirkung zu erzielen, greift der geübte Redner auf die oben vorgestellten rhetorischen Stilelemente und Figuren zurück. Er spricht frei und verwendet eine klare, dem Publikum verständliche und anschauliche Sprache. Er unterstreicht seine Ausführungen durch gekonnte Gestik und geschickte Visualisierungen. Und vor allem: Er weiß, worüber und wovon er redet – er verfügt über Sachkompetenz.[79]

c) Die Bedeutung der Rahmenbedingungen des Vortrags

Den Großteil seiner Überlegungen verwendet der Redner allerdings weniger auf die Struktur seiner Präsentation – diese gilt, wie schon gesagt, mehr oder weniger für alle Redesituation –, als vielmehr auf die *Rahmenbedingungen seines Vortrags*. In der Idealsituation ist der Vortragende frei hinsichtlich der Wahl seines Themas, der Länge seines Vortrags, der Zeit, zu der er sprechen soll, des Orts und der Form seiner Präsentation. Er wartet dann nur noch auf das – hoffentlich zahlreich erscheinende – Publikum, das ihm mit großem Interesse gespannt zuhören möchte. Mit dieser Idealsituation des Vortrags und des Vortragenden beschäftigen sich viele Anleitungswerke (vgl. unsere Hinweise unter II. in der „kommentierten Standardbibliothek" zu den Schlüsselqualifikationen in § 8); auf sie darf daher verwiesen werden.

Unglücklicherweise ist diese Idealsituation in der Realität selten anzutreffen. Wer kennt nicht die anspruchsvollen Wünsche und Vorstellungen von Tagungsveranstaltern, Organisationskomitees etc., die dem Vortragenden *restriktive* Vorgaben für seine Rede oder Präsentation machen? Wer hat bei einer Rede nicht ständig die *Erwartungshaltung des Publikums* im Kopf (vgl. zum Beispiel die verschiedenen Hochzeitsredner in dem Film „Vier Hochzeiten und ein Todesfall"). Trifft der Redner nicht den richtigen „Ton" in der jeweiligen Situation, ist der Vortrag missraten, und der Redner blamiert sich. In der Wirklichkeit muss der Redner diesen Vorgaben bei der Vorbereitung Rechnung tragen und den Vortrag an die ihm zur Verfügung stehende Zeit, das zu erwartende Publikum und die räumlichen Voraussetzungen anpassen.

---

[79] Wer über keine Sachkompetenz verfügt, der kann dies vor einem sachkundigen Publikum auch durch rhetorische Mittel nicht überdecken. Er wird durchschaut und gilt als Blender. Leider gilt aber auch oft das Gegenteil: Ohne ein Minimum an Rhetorik vermag auch der kompetenteste Redner sein Publikum nicht zu überzeugen. Ungeordnete Ausführungen verwirren, abstrakte Darlegungen langweilen sehr schnell. Daher muss beides zusammenkommen: Sachkompetenz und die Fähigkeit des Vortragenden, diese Sachkompetenz durch rhetorische Mittel zu vermitteln.

aa) Vortragsfreiheit oder Vortragspflicht

Eine erste Abweichung zu der geschilderten Idealsituation des Redners tritt ein, wenn ein *Zwang zur Rede* besteht. Häufig hat man die Wahl, einen Vortrag zu halten oder nicht – aber auch das ist nicht immer gesichert. In nicht wenigen Fällen muss der Redner auf Anweisung (etwa seines Vorgesetzten) hin eine Rede halten.

Wird der Zwang zur Rede auch noch kombiniert mit mehr oder weniger rigiden *Vorgaben für das Thema des Vortrags*, so ist auch die rhetorische Freiheit und das Arsenal möglicher rhetorischer Figuren entscheidend eingeschränkt. Bei einer Grabrede sind andere Stilmittel gefragt als bei der Vorstellung des Unternehmensergebnisses auf einer Jahreshauptversammlung der Aktionäre. Ein juristischer oder sonstiger wissenschaftlicher Fachvortrag ist keine Marketingveranstaltung, und eine Parteitagsrede hat wenig mit einer Rede auf einer Examensabschlussfeier gemein. Dies bedeutet letztendlich, den Vortragsstil ganz bewusst an das Thema anzupassen und so zugleich auch Glaubwürdigkeit zu vermitteln.

In diesem Zusammenhang auch nicht zu unterschätzen ist die Situation der Zuhörer: Kommen sie freiwillig oder sind auch sie „zum Zuhören gezwungen"? Dies sollten Sie bedenken, denn – boshaft gesagt – ist in diesem Fall das Publikum lediglich zur Anwesenheit verpflichtet; es ist Ihre Aufgabe als Redner zu erreichen, dass das Publikum auch wirklich Ihnen zuhört. Dies erreichen Sie nach aller Erfahrung am besten, indem Sie den Anwesenden ihre Zwangsteilnahme so angenehm wie möglich machen. Denken Sie daran, dass dies mehr oder weniger auch die Situation im Staatsexamen ist.

bb) Die Redezeit

Eine zweite ganz wichtige Vorgabe ist die für die Rede oder die Präsentation zur Verfügung stehende Zeit. So bestimmt die *Redezeit* ganz entscheidend den Aufbau und den Inhalt des Vortrags: Was kann/muss gesagt, was darf weggelassen werden? Je kürzer die zur Verfügung stehende Zeit ist, umso prägnanter und auch plakativer muss formuliert werden. Für Details und mehrfache Differenzierungen ist dann kein Raum. Entscheidend ist hier also die richtige Auswahl und Gewichtung des Stoffes.

Die Redezeit bestimmt überdies auch die Bereitwilligkeit des Publikums, sich auf den Vortrag einzulassen. Sind Ihnen 45 Minuten gewährt, halten Sie diese möglichst genau ein. Verscherzen Sie sich nicht das Wohlwollen des Publikums dadurch, dass Sie die Zeit erheblich überziehen. Selbst wenn Sie noch viele interessante Dinge zu sagen haben, halten Sie sich zurück. Sie sollten vor allem noch Stoff in Reserve haben für die anschließende Diskussion. Überzeugend ist hier, noch etwas Neues präsentieren zu können.

> Wichtiger Hinweis: Ist – wie im Staatsexamen – eine Zeitüberschreitung mit dem Abbruch der Präsentation sanktioniert, dann empfiehlt es sich nicht nur die Zeit einzuhalten, sondern es ist ein Muss, den zeitlichen Rahmen nicht zu überschreiten. Anderenfalls kommt es möglicherweise zu Abschlägen in der Bewertung – im Ansehen verliert der Redner in jedem Fall.

cc) Ort, und Technik

Von Bedeutung für eine überzeugende Rede sind auch der *Ort* des Vortrags und die zur Verfügung stehende *Technik*. Ist einem der Ort bekannt oder unbekannt? Kann man auf Computerunterstützung zurückgreifen oder nicht? Wird ein bestimmter technischer Standard sogar erwartet – etwa eine PowerPoint-Präsentation? Oder will das Publikum davon lieber verschont bleiben? Mit diesen Fragen muss man sich im Vorhinein auseinandersetzen und sie zur eigenen Sicherheit klären. Gut vorbereitete Vorträge sind schon daran gescheitert, dass der Redner den Vortragssaal nicht oder nicht rechtzeitig gefunden hat. Oder die exzellent ausgearbeitete PowerPoint-Präsentation kann nicht gezeigt werden, weil kein Beamer zur Verfügung steht oder die Anschlüsse zwischen den Geräten nicht passen oder nicht genug Steckdosen vorhanden sind. Oder die Steckdose ist zwar vorhanden, aber das gestellte Kabel ist zu kurz.

Sofern der Vortrag auf der Grundlage eines schriftlich ausgearbeiteten Vortragsmanuskripts gehalten wird, ist auf die Schriftgröße zu achten (ratsam sind 14 pt). Oft ist es empfehlenswert, den Zuhörern ein Handout auszuteilen, auf dem die Gliederung des Vortrags und zum Beispiel für den Vortrag besonders relevante Gesetzestexte abgedruckt sind. Achten sie darauf, dass Sie das Handout in ausreichender Anzahl zur Verfügung haben (Teilnehmerzahl + 10%). Außerdem muss das Handout gründlich Korrektur gelesen werden. Es darf keine Tippfehler enthalten. Die Zuhörer haben während des Vortrags Zeit und werden die Fehler finden!

Findet im Anschluss an den Vortrag eine Diskussion statt, sollte der Redner zudem Notizpapier und einen vorzeigbaren Stift (d.h. zum Beispiel keinen „abgekauten" Bleistift) dabei haben, um sich etwas notieren zu können, vgl. dazu näher unter d.

Wer meint, dies seien Banalitäten, hat – oberflächlich betrachtet – nicht ganz Unrecht. Aber: Der Redner sollte solche Kleinigkeiten nicht unterschätzen, denn wer möchte plötzlich seine ganze Vortragsweise umstellen müssen, nur weil der Veranstalter nicht an eine ausreichende Zahl von Steckdosen gedacht hat, oder wer möchte aus dem Konzept kommen, nur weil er kein Papier zur Hand hat und sich nichts notieren kann? Denken Sie in diesem Zusammenhang auch an Murphy's Gesetz: Was schief gehen kann, wird schief gehen. Professionelle Redner überlassen daher nichts dem Zufall und überprüfen *selbst* rechtzeitig vorher alle örtlichen und technischen Voraussetzungen.[80]

dd) Der Kontext des Vortrags

Auch der *Kontext* des Vortrags ist von Bedeutung. Der Redner muss in Rechnung stellen, ob er als Einzelredner spricht oder in ein Programm eingebunden ist. Ist letzteres der Fall, ist von Bedeutung, an welcher Stelle eines Ablaufs er an der Reihe ist (am Anfang der Veranstaltung, kurz vor der Mittagspause oder nach der Mittagspause, gegen Ende der Veranstaltung) und wen und was das Auditorium schon vorher gehört hat. Bei langen Veranstaltungen mit vielen Beiträgen kann ein

---

[80] Erfahrene Redner haben außerdem immer eine Notausrüstung dabei: eine Mehrfachsteckdose mit 5 m langem Kabel, ein Verbindungskabel zwischen Rechner und Beamer, eine Fernbedienung für den Laptop etc.

Methodenwechsel angezeigt sein. Haben ihre Vorredner alle mit PowerPoint gearbeitet, lassen sie diese Unterstützung vielleicht einfach weg und arbeiten stattdessen mit Folien oder einem reduzierten Tafelbild. Hat man die Wahl, an welchem Punkt des Ablaufs man sprechen darf, sollte man sich für den Anfang oder den Schluss entscheiden, denn dies bleibt dem Publikum in der Regel am besten im Gedächtnis.[81] Günstig ist aber auch, nach einer größeren Pause sprechen zu dürfen, denn dann hat das Publikum sich wieder erholt.

ee) Fazit

> Kurz zusammengefasst: Die gute Vortragstechnik besteht darin, den eigenen Vortrag auf die thematischen, zeitlichen und räumlichen Vorgaben und die Erwartungshaltung des Publikums bestmöglich zuzuschneiden.

d) Der Umgang mit Pannen während des Vortrags

Ein weiterer wichtiger Aspekt besteht in dem geschickten Umgang mit möglichen Pannen und dem Lampenfieber, das jeden Vortragenden in mehr und minder starkem Maß befällt. Lampenfieber hat eigentlich jeder, zumindest dann, wenn der Vortrag wichtig ist und vielleicht einiges, zum Beispiel eine Examensnote (oder ein Ruf auf eine Universitätsprofessur!) von seinem Gelingen abhängt. Nervosität kann man nicht bekämpfen – man kann aber lernen, mit ihr umzugehen. Rückhalt gibt das Gefühl sorgfältiger Planung und Vorbereitung. Manchen Rednern hilft der Talisman in der Tasche (denken Sie an den Film „Maid in Manhattan" und den Rat von *Ralph Fiennes* in der Rolle eines Kongressabgeordneten) oder ein „Mantra", mit dem sie sich in eine positive und zuversichtliche Gemütslage versetzen („Ich, Hendrik Schneider, halte ruhig und gelassen meinen Vortrag" oder „Ich, Ralf Brinktrine, bin stark, sicher und gelassen").

- Den meisten Rednern hilft es auch, den „Ernstfall" zu trainieren und den Vortrag unter möglichst authentischen Bedingungen zu proben. Oft erzeugt die Probe dieselben Emotionen, die sich auch bei dem Vortrag selbst einstellen werden – lediglich die Intensität der Gefühlswallungen ist bei der Probe schwächer. Man hat so die Möglichkeit, sich auf die Gefühle einzustellen und lernt, mit ihnen umzugehen. Reflektieren Sie also Ihr eigenes Empfinden und lernen Sie, Ihre Gefühle zu akzeptieren und nicht gegen diese anzukämpfen.[82]

Pannen sind kein Unglück, es sei denn, man macht selbst eines daraus! Denken Sie daran, dass niemand perfekt ist. Um den Schaden gering zu halten, gehen Sie am besten in der folgenden Weise vor: Nehmen Sie mögliche Ungeschicke gedanklich vorweg und entwickeln Sie vorab Lösungen etwa für Stockungen im

---

[81] Am Ende einer längeren Veranstaltung zu sprechen birgt allerdings das Risiko in sich, dass viele Zuhörer schon gegangen sind. Dies gilt vor allem für Tagungen. Die Chance aber, noch einmal einen Höhepunkt setzen zu können, der allen in Erinnerung bleibt, ist indes ein großer Vorteil. Können Sie ein schon erschöpftes Publikum mitreißen, wird man noch lange von Ihnen sprechen.

[82] Näher *Tarr*, Forschung&Lehre 2008, S. 180 m.w.N.

Redefluss, technische Defekte (das Mikrofon oder der Beamer fällt plötzlich aus), sonstiges Malheur (das Wasserglas fällt um, Sie bleiben mit dem Ärmel am Mikrofon hängen).

Vermeiden Sie aber in jedem Fall, ihre Missgeschicke mit lockeren Sprüchen zu kommentieren. Beispiel: Sie werfen das Wasserglas um und sagen: „Ich war schon immer umstürzlerisch". Oder: Das Licht fällt aus. Sie sagen: „Dafür leuchten meine Ideen jetzt um so mehr". Diese Methode, witzig und schlagfertig sein zu wollen, wird in vielen Anleitungen empfohlen; sie kann aber – je nach Zusammensetzung des Publikums – sehr schnell ins Auge gehen. Angemessener erscheint es, ruhig und sachlich mit solchen Pannen umzugehen und sie am besten unkommentiert zu lassen. Bei technischen Defekten kann man um eine kurze Unterbrechung bitten, damit der Schaden behoben wird. Auf keinen Fall sollte man in dieser Situation Witze zu Lasten des Veranstalters oder des Publikums machen. Das wird einem Redner selten verziehen. Auch auf ein verlegenes Lachen oder Schmunzeln sollten sie verzichten. Das von Ihnen bei einem Vortrag erwartete „Emotionsdisplay"[83] ist „affektive Neutralität", die Sie grundsätzlich über den gesamten Vortrag beibehalten sollten.

e) Diskussion und „Abgang"

Findet eine Diskussion statt und werden Fragen aus dem Publikum gestellt, ist es ratsam, sich zumindest einige Stichworte zu notieren und diese bei den Antworten aufzugreifen. Auch die Namen der Zuhörer sollten Sie sich notieren. Bei Vorträgen vor größerem Auditorium stellen sich die Zuhörer, die den Vortrag kommentieren oder etwas fragen wollen, häufig kurz vor („Schneider aus Leipzig, Frau Referentin, herzlichen Dank für Ihren gelungenen Vortrag! Allerdings ist mir noch folgendes unklar..." oder „Brinktrine, Universität Leipzig. Herr xy, haben Sie vielen Dank für Ihre anregenden Ausführungen, Sie haben in Ihrem Vortrag die These vertreten, dass... . Dazu möchte ich kurz anmerken, dass..."). Danach sammelt der Organisator oft noch weitere Fragen und erteilt dem Redner nach drei oder vier Diskussionsbeiträgen aus dem Publikum wieder das Wort. Wenn Sie jetzt die Fragen einzeln „abarbeiten", dokumentiert es Ihre Aufmerksamkeit und gilt es darüber hinaus als ein Zeichen Ihrer Wertschätzung, wenn Sie bei der Beantwortung der einzelnen Fragen den Namen wieder aufgreifen: „Herr Schneider, vielen Dank für Ihre Frage. In der Tat haben sie hier den Finger auf die Wunde gelegt. Der Forschungsstand ist insofern noch lückenhaft. Es zeichnet sich aber ab...". Eine solche Vorgehensweise ist keineswegs „gestelzt" oder aufgesetzt, sondern Ausdruck adäquater Umgangsformen und sorgt für ein positives Veranstaltungsklima und eine akademische Atmosphäre. Apropos Fragen aus dem Publikum. Oft handelt es sich nicht um Fragen, sondern um Co-Referate, durch die der Fragende seine eigene Fachkompetenz unter Beweis stellen möchte. Solche Beiträge sind lästig, weil der Redner hier im Grunde keine passende Antwort geben kann. Manchmal ist ein Zuhörer auch vollkommen anderer Meinung als der Redner und bringt dies gereizt oder sehr offensiv zum Ausdruck. Als Grundregel gilt: Bleiben Sie immer freundlich. Es ist ein Privileg, eine Zuhörerschaft zu ha-

---

[83] *Flam*, Soziologie der Emotionen.

ben! Dem Koreferenten können Sie zum Beispiel antworten: „Sie haben Recht, ich habe diesen Aspekt aus Zeitgründen weggelassen. Vielleicht können wir uns im Anschluss darüber noch persönlich austauschen". Bleiben Sie auch bei massiver Kritik standhaft. Nach einem Vortrag und am Rednerpult haben Sie nicht die Möglichkeit, die Einwände des Zuhörers genau zu überdenken.

Ein letzter wichtiger Punkt ist der gelungene Abgang am Ende des Vortrags. Danken Sie dem Publikum („Vielen Dank für Ihre Aufmerksamkeit"), und gehen Sie selbstbewusst, vor allem aufrecht und keinesfalls hastig ab. Denken Sie auch daran, die Technik auszuschalten, ganz besonders aber das Mikrofon abzugeben. Schon mancher Redner hat dies vergessen und sich durch – eigentlich nur für ihn selbst bestimmte – negative Kommentare geschadet.

2. Besonderheiten des Vortrags als Examensleistung in der staatlichen Pflichtfachprüfung

Der Vortrag in der staatlichen Pflichtfachprüfung weist nun einige Besonderheiten auf, die ihn von der „normalen" Vortragssituation deutlich unterscheiden. Hat man in der Regel die Wahl, ob man einen Vortrag halten möchte oder doch lieber auf dieses Vergnügen verzichtet, so gilt dies im Examen nicht: Der Prüfling *hat* einen Vortrag zu halten, ob er mag oder nicht. Diese – für sich bereits unangenehme – Zwangssituation setzt sich auch in den weiteren Rahmenbedingungen des Vortrags fort. Der Referent kann sich das Thema seines Vortrags nicht aussuchen, sondern allenfalls das Rechtsgebiet. Aus diesem Rechtsgebiet wird ihm dann aber ein bestimmtes Thema vorgegeben. Zwar mag der Prüfling eine grobe Vorstellung haben, was Gegenstand seiner Präsentation sein könnte („irgendetwas aus dem Öffentlichen Recht"), aber er hat keinen Einfluss auf die konkrete Themenstellung. Dies kann erhebliche Verunsicherung bei den Kandidaten bewirken, und es ist klug, sich innerlich auf diese Lage einzustellen.

Weitere Aspekte der Grundsituation des Vortrags im Examen sind, dass für die Vorbereitung des Vortrags und für die Rede selbst starre Zeitvorgaben bestehen, die der Prüfling einhalten muss. Einschränkungen bestehen des Weiteren für die zur Verfügung stehenden Hilfsmittel. Außer den im Examen zugelassenen Hilfsmitteln gibt es keine Möglichkeit, weitere externe Quellen heranzuziehen. Nur der eigene schlaue Kopf steht noch als Ressource zur Verfügung.[84] Ebenso kann der Kandidat sich den Ort seiner Präsentation nicht aussuchen, und auch die Form des Vortrags ist ihm vorgegeben. Keine Powerpointpräsentation ist möglich, kein Flipchart steht bereit, sondern nur ein schlichter mündlicher Vortrag auf eigenem Material (Karteikarten, Papier) ist dem Redner eröffnet. Und schließlich steht auch das „Publikum" seines Vortrags fest: Es ist die Prüfungskommission.

Dieser letztere Umstand kann aber auch in mehrerer Hinsicht einen Vorteil bedeuten. Zum einen kann der Kandidat sich auf dieses konkrete Publikum im Voraus recht genau einstellen, indem er sich Veranstaltungen oder Prüfungen der

---

[84] Deshalb ist es unumgänglich, möglichst viel (Allgemein)Wissen zu akkumulieren und sich durch die Lektüre anspruchsvoller Zeitungen und Zeitschriften auf dem Laufenden zu halten.

Mitglieder der Kommission im Vorhinein anschaut und die entsprechenden „Protokolle" einsieht. So kann er einiges über die Einstellungen und Denkweisen des „Publikums" erfahren. Zum zweiten weiß er um die generelle Erwartungshaltung der Zuhörer als Prüfer in einem juristischen Examen. Diese Zuhörer wollen einen – auch juristisch fundierten – Vortrag hören und nicht nur rhetorisches Blendwerk vorgeführt bekommen, denn schließlich befindet man sich nicht bei einer zweitklassigen Fernseh-Talkshow, sondern bei einem juristischen Staatsexamen.

Diesen Punkt sollten Sie in keinem Fall unterschätzen. Die Erfahrungen aus den bereits durchgeführten Prüfungen zeigen, dass die Prüfer in diesem Punkt besonders sensibel sind. Juristische Kompetenz und Sachlichkeit sind Trumpf, Geschwätzigkeit ohne Sachkenntnis wird abgelehnt. Diese Erwartungshaltung kann jeder Examenskandidat bei seinen häuslichen Trockenübungen antizipieren.

Außerdem darf der Kandidat drittens annehmen, dass das „Publikum" die dem Kandidaten zunächst noch unbekannte Aufgabe bereits gelesen hat. Mit dem Thema seines Vortrags kann er also das „Publikum" nicht mehr überraschen, dafür aber umso mehr mit dem Inhalt seiner Rede und der argumentativen Aufbereitung seiner Präsentation.

Viertens schließlich darf der Prüfling darauf zählen, dass das Publikum ihm zuhört und ihm grundsätzlich wohl gesonnen ist. Dazu ist es schließlich dienstlich und prüfungsrechtlich verpflichtet. Dennoch sollte man der Kommission die Sache so angenehm wie möglich machen – niemand will leiden.

Diese Besonderheiten gilt es in Rechnung zu stellen. Wie man mit ihnen souverän umgeht und wie man unter diesen einengenden Bedingungen einen – auch notenmäßig – „guten" Vortrag hält, dazu finden sich ausführliche Hinweise im anschließenden § 5 dieses Buches, der mit „Die Vermittlung von Schlüsselqualifikationen: Praktischer Teil" überschrieben ist.

III. Grundkurs in Diskussions- und Debattiertechnik

An den Vortrag in der staatlichen Pflichtfachprüfung schließt sich in der Regel eine kurze Fragerunde an. Mit dieser Fragerunde soll – der Idee nach - die Fähigkeit des Kandidaten in den Punkten „Kommunikationsfähigkeit" und „Gesprächsführung" geprüft werden. Bevor hierauf näher eingegangen wird, ein kurzes Wort zum Verhalten in Diskussionsrunden und Debatten.

1. Allgemeines

Es mag banal erscheinen, aber es ist wichtig zu wissen, dass es ganz verschiedene Formen von Gesprächen und Gesprächsformen gibt. So kann man etwa nach der Teilnehmerzahl zwischen Selbstgesprächen, Dialogen oder Gesprächen in einer größeren Runde differenzieren. Nach dem Anlass kann man etwa Informations-, Belehrungs- oder Streitgesprächen unterscheiden. Diese Aufzählungen sind nicht abschließend. Jede dieser Gesprächsformen weist bestimmte charakteristische Merkmale auf. So ist eine Plauderei zwischen Freunden etwas anderes als ein Firmenmeeting. Eine Gremiensitzung hat wenig mit der Unterhaltung zwischen

Verliebten zu tun. Zugleich gelten für jede dieser Gesprächsformen spezifische Regeln. Mit diesen Eigenarten und Regeln beschäftigen sich mehrere Handbücher in umfassender Weise. In diesem Kontext interessiert uns in erster Linie das kontroverse Gespräch zwischen Menschen.

a) Formen von kontroversen Gesprächen

Bei den kontroversen Gesprächen kann mit *Gruber* zwischen den beiden Grundformen der *Diskussion* und der *Debatte* unterschieden werden.[85] Bei der Diskussion ist es das wesentliche Ziel (persönlich oder in der Sache) zu gewinnen; bei der Debatte ist das Ziel der Sieg. Anders gewendet ist die Debatte ein Kampfgespräch zwischen zwei Parteien, bei dem es darum geht, den Gegner – zumeist gegenüber Dritten – mit Worten zu *besiegen*. Bei der Diskussion steht eher das Anliegen im Mittelpunkt, den Gesprächspartner zu überzeugen; durch das Gespräch können aber beide Seiten zu dem Ergebnis kommen, dass sie ihre bisherige Position oder Haltung ändern müssen, mit der Folge, dass möglicherweise sich beide als Gewinner fühlen.

Zwischen der freien Diskussion und der Debatte steht eine hochformalisierte Form der Diskussion, die Podiumsdiskussion. Durch die Besetzung mit mehreren Personen, die möglicherweise, aber nicht notwendig, unterschiedliche Meinungen zu dem vorgegebenen Diskussionsgegenstand haben, kann sich ein echtes Streitgespräch entwickeln, für das die Regeln der Debatte gelten. Dies muss aber nicht zwingend der Fall sein; je nach Verlauf eines Podiumsgesprächs kann auch allfällige Übereinstimmung eintreten.

b) Diskussionssituation

Jede Diskussion/Debatte ist situationsabhängig. Die Diskussionssituation umfasst dabei den Anlass, das konkrete Thema, die Gesprächsform (z.B. Podiumsdiskussion), die Teilnehmer, Zeit und Ort sowie das Publikum. Entscheidend ist in diesem Zusammenhang, sich selbst zur Vorbereitung viele Fragen zu stellen und sie vor der Diskussion zu beantworten. Solche Fragen können beispielsweise sein:[86]

- **Anlass der Diskussion**: Von entscheidender Bedeutung ist der Kontext, in welchem die Diskussion oder Debatte stattfinden soll. Geht es um eine aktuelle Frage oder einen Dauerbrenner? Worüber will man sich konkret unterhalten?
- **Gesprächsform**: Diskussion? Debatte? Podiumsdiskussion? Oder soll ich lediglich Fragen beantworten (Expertengespräch?).
- **Beteiligte**: Kenne ich die Beteiligten? Was weiß ich über ihre Ansichten? Sind sie Freunde, Neutrale, Gegner oder sogar Feinde? Welchen Rang nehmen Sie ein? Sind sie Autoritäten? Experten? Oder Laien? Nehmen sie eine herausgehobene gesellschaftliche Stellung ein?

---

[85] Vgl. *Gruber*, Gewinnen können statt siegen müssen, S. 24 f.; 141 ff.
[86] Umfassender Fragenkatalog bei *Gruber*, Gewinnen können statt siegen müssen, S. 146 f.

- **Publikum**: Ist das Publikum einer besonderen Einladung gefolgt? Oder bunt gemischt? Ist es überschaubar? Oder können es Millionen sein, die mich sehen und hören? Was erwartet das Publikum von mir? Hat es für die Veranstaltung gezahlt oder nicht? Handelt es sich um Personen, die sich mit dem Thema schon beschäftigt haben? Oder sind es Laien? Gibt es potentielle Störer im Publikum, die auf meine Aussagen mit Protesten reagieren werden? Jetzt oder erst später? Muss ich mit Handgreiflichkeiten rechnen?
- **Zeit, Kontext und Ort**: Findet die Veranstaltung am Tag oder am Abend statt? Ist die Diskussion eine eigenständige Veranstaltung oder Teil einer größeren Veranstaltung? Gibt es nach der Diskussion noch Gelegenheit zum small talk (bei Bier und Brötchen oder Brezeln und Wein?)

c) Diskussionsziele

Mit jeder Diskussion/Debatte wird ein bestimmtes Ziel verfolgt. Dieses Ziel ist bei den verschiedenen Beteiligten nicht notwendigerweise identisch. Bei der Bestimmung der Diskussionsziele gilt es daher, die Interessen der verschiedenen Beteiligten sorgfältig auseinander zu halten. Mögliche eigene Ziele können sein (ohne moralische Bewertung):

- Informationen gewinnen
- Sachverhalte klären
- Ideen und Lösungen für ein Problem entwickeln
- Vorstellen der eigenen Position
- Aufmerksamkeit erregen/provozieren
- Ansichten, die nach eigener Auffassung falsch sind, widerlegen
- Andere Diskussionsteilnehmer von dem eigenen Standpunkt überzeugen
- Publikum beeindrucken/gut aussehen/glänzen
- Anhänger gewinnen
- Diskussionsteilnehmer vorführen/lächerlich machen

Wichtig ist erstens, dass man selbst ein Ziel hat – wer kein Ziel hat, wird schnell zum Spielball der anderen. Und von Bedeutung ist zweitens, dass man sich Gedanken über mögliche Ziele der anderen Teilnehmer macht.

Mögliche Ziele des Veranstalters können etwa sein:

- Den Saal zu füllen
- Sich im Glanz der eingeladenen Experten zu sonnen
- Rührig zu erscheinen
- Geld zu verdienen durch hohe Teilnehmerbeiträge

Mögliche Ziele der Gegner können sein:

- Mich näher kennenzulernen
- Mir es mal so richtig zu zeigen
- Eine oder mehrere der unter „eigene Ziele" genannten Zielvorstellungen zu verwirklichen

d) Diskussionsvorbereitung

Von der exakten Bestimmung der Diskussionssituation als auch der Diskussionsziele hängt die Diskussionsvorbereitung ab. Allgemein gilt folgendes:

- **Langfristige Vorbereitung:** Es kann z.B. nötig sein, umfangreiche Recherchen zu betreiben. Vielfach wird man sich schon vor der Diskussion mit den Positionen der anderen beschäftigen und eigene Gegeneinwände vorformulieren. Die gedankliche Vorwegnahme möglicher kritischer Situation ist hier von großer Wichtigkeit.
- **Kurz vor der Diskussion:** Fokussieren und sich selbst entspannen, beruhigende Atemübungen durchzuführen.

e) Angriffs- und Verteidigungsmittel in Diskussion und Debatte

Für jeden Teilnehmer einer Diskussion oder Debatte stehen verschiedene sprachliche Werkzeuge zur Verfügung, um seine Position durchzusetzen oder gegen Angriffe zu verteidigen. Diese Mittel sind nicht immer „fair", sondern müssen zum Teil zur so genannten „schwarzen Rhetorik" gerechnet werden, die dazu benutzt wird, um – koste, was es wolle – die Oberhand zu behalten.

Gruber hat sieben solcher unfairer Mittel benannt. Es sind dies Unterbrechung, Angriffsketten, Temposteigerung, abwertender Nachschlag, Ebenensprünge, Polarisierung und Scheinkorrelation.[87] Glücklicherweise hat *Gruber* ebenfalls gleich auch die möglichen Verteidigungsmittel aufgeführt. So ist es beispielsweise ein gutes Mittel gegen Unterbrechungen zu bemerken: „Ich würde gern, wenn Sie mich lassen. Darf ich jetzt?". Oder: Abwertungen sollte man strikt zurückzuweisen und mit einem höheren Wertanspruch kontern.[88]

Schopenhauer hat in seinem Werk „Eristik oder Die Kunst, recht zu behalten", sogar stattliche 38 solcher „Kunstgriffe" aufgelistet, die in einer Diskussion oder Debatte eingesetzt werden können, wenn man die Absicht hat, um jeden Preis Oberwasser zu behalten. Ihre Kenntnis kann nicht schaden, selbst wenn man persönlich nicht gewillt ist, diese Mittel einzusetzen.[89] Einige Kostproben der *Schopenhauerschen* „Kunstgriffe" (in der Sprache des Originals):

- „**Kunstgriff 1: Die Erweiterung.** Die Behauptung des Gegners über ihre natürlichen Grenzen hinausführen, sie möglichst allgemein deuten, in möglichst weitem Sinne nehmen und sie übertreiben; seine eigne dagegen in möglichst eingeschränktem Sinne, in möglichst enge Grenzen zusammenziehn.
- **Kunstgriff 6:** Man macht eine versteckte **petitio principii**,[90] indem man das, was man zu beweisen hätte, postuliert.

---

[87] Vgl. *Gruber*, Gewinnen können statt siegen müssen, S. 148.
[88] Vgl. *Gruber*, Gewinnen können statt siegen müssen, S. 149.
[89] Wer ein eifriger Zuschauer von Fernseh-Talkrunden mit Politikerbeteiligung ist, der wird dort reiches praktisches Anschauungsmaterial für die „schwarze Rhetorik" finden. Ob man dem nacheifern möchte, steht auf einem anderen Blatt.
[90] Ein ganz gängiges Mittel in der Politik, aber auch bei wissenschaftlichen Diskussionen! Als Gegner müssen Sie deshalb messerscharf aufpassen, wenn mit diesem „Trick" – nicht selten auch unbewusst - gearbeitet wird.

- **Kunstgriff 8**: Den Gegner zum Zorn reizen.
- **Kunstgriff 16: Argumenta ad hominem oder ex concessis.**[91] Bei einer Behauptung des Gegners müssen wir suchen, ob sie nicht irgendwie, nötigenfalls auch nur scheinbar, im Widerspruch steht mit irgend etwas, das er früher gesagt oder zugegeben hat, oder mit den Satzungen einer Schule oder Sekte, die er gelobt oder gebilligt hat, oder mit dem Tun der Anhänger dieser Sekte, oder auch nur der unechten oder scheinbaren Anhänger, oder mit seinem eignen Tun oder Lassen.[92]
- **Kunstgriff 24: Die Konsequenzmacherei.** Man erzwingt aus dem Satze des Gegners durch falsche Folgerungen und Verdrehung der Begriffe Sätze, die nicht darin liegen und gar nicht die Meinung des Gegners sind, hingegen absurd oder gefährlich.
- **Kunstgriff 26: Retorsio argumenti.** Wenn das Argument, das er (= der Gegner) für sich gebrauchen will, besser gegen ihn gebraucht werden kann.
- **Kunstgriff 29: Die Diversion.** Merkt man, dass man geschlagen wird, so macht man eine Diversion: d.h. fängt mit einem Male von etwas ganz anderem an, als gehöre es zur Sache und wäre ein Argument gegen den Gegner.
- **Kunstgriff 30: Das argumentum ad verecundiam.** Statt der Gründe brauche man Autoritäten nach Maßgabe der Kenntnisse des Gegners.[93]
- **Kunstgriff 33**: Man verwende den Spruch „Das mag in der Theorie richtig sein; in der Praxis ist es falsch".[94]

Soweit *Schopenhauer*. Sie sollten allerdings bedenken, dass diese „Empfehlungen" durchaus fragwürdiger Natur sind. Nichtsdestoweniger sind sie erfolgreich – besonders bei denjenigen, die sie nicht kennen und sich blenden lassen. Und das sind leider allzu viele.

Selbstverständlich kann man in Diskussionen und Debatten auch anders auftreten. Tipps hierzu finden Sie bei *Gruber*, S. 142 und S. 145 f.

---

[91] Ein ganz verbreitetes Mittel – und immer wieder fallen die anderen Teilnehmer oder Zuhörer darauf herein!

[92] Berühmtes Beispiel: Zur Zeit der Existenz zweier deutscher Staaten wurde jegliche Kritik am bundesrepublikanischen System nicht selten mit den Worten „Geh doch nach drüben" quittiert.

[93] Obacht! Ein unter Juristen ständig gebrauchtes Mittel! Beispiel: „Das Bundesverfassungsgericht hat entschieden, dass ..." oder „Wie der BGH im 37. Band judiziert hat ..." Noch besser ist natürlich die höchste aller Autoritäten: die h.M:, die herrschende Meinung. Wer allerdings empirisch feststellt, was herrschend ist oder nicht, ist eine andere Sache. Wenn Sie sich aber dessen bewusst geworden sind, dass Juristen fast durchweg mit Autoritäten oder noch präziser; hierarchisch argumentieren, dann sind sie schon einen großen Erkenntnisschritt weiter. Letztendlich spiegelt dieses Argument nur rechtliche oder tatsächlich bestehende Machtverhältnisse wieder, über Richtigkeit sagt dieses Argument gar nichts aus.

[94] Wie *Schopenhauer* zutreffend zeigt, der Gipfel der Dünnbrettbohrerei!

2. Besonderheiten in der staatlichen Pflichtfachprüfung

Die Fragerunde in der staatlichen Pflichtfachprüfung weicht von dieser Grundkonstellation gleich in mehrfacher Hinsicht ab. Mit der oben beschriebenen Idealsituation eines offenen Diskurses hat sie – ebenso schon wie der Vortrag – so gut wie gar nichts gemein.

a) Zwang zur Diskussion

Erste Divergenz: Der Kandidat *muss* mit der Kommission sprechen. Verweigert er sich, – was ein Teilnehmer in einer „freien" Diskussion tun kann und unter bestimmten Umständen auch tun wird –, dann bekommt er eine schlechte Note.

Der Kandidat kann auch nicht aufstehen und einfach gehen, wenn es ihm zu bunt wird. Umgekehrt gilt dies allerdings nicht: Wird der Kandidat frech oder gar ausfallend, kann die Kommission die Prüfung abbrechen.

b) Keine inhaltliche Vorbereitung möglich und erforderlich

Da der Kandidat das Thema der Diskussion nicht kennt, kann er sich – anders als ein Teilnehmer in einer wirklichkeitsnäheren Diskussionssituation – auch nicht inhaltlich darauf vorbereiten. Er hat keine Möglichkeit, veröffentlichte Standpunkte der anderen Diskussionsteilnehmer zu recherchieren und vorab (Abwehr- oder Angriffs-) Argumentationsketten zu bilden. Auf der anderen Seite stellt dies auch eine Erleichterung dar: Umfangreiche Ermittlungen können unterbleiben.

c) Keine Gleichrangigkeit der Gesprächsteilnehmer

Bei einer Diskussionsrunde geht man in der Regel davon aus, dass die Teilnehmer auf einer Stufe stehen; sie bewegen sich auf einer Ebene der Gleichwertigkeit. Diese Situation, dass kein Rangverhältnis zwischen den Teilnehmern einer Diskussion gegeben ist, besteht im Examen gerade nicht. Der Examenskandidat darf in der sich dem Vortrag anschließenden Fragerunde zu keiner Zeit vergessen, dass ein Über-Unterordnungsverhältnis zwischen den Prüfern und ihm gegeben ist und er sich außerdem gegen eine Überzahl durchsetzen muss.

d) Beschränkungen in der Wahl der rhetorischen Figuren

Das Rangverhältnis zwischen den Gesprächsteilnehmern hat verschiedene Konsequenzen: Eine der wichtigsten ist die Restriktion von Diskussionsfiguren. So können die allermeisten von *Schopenhauer* in seiner Eristik angepriesenen Kunstgriffe in diesem Kreis nicht eingesetzt werden, ohne dass der Kandidat Schaden nimmt. So sollte er in seinem eigenen Interesse auf persönliche Beleidigungen (Kunstgriff 38), Wortschwall (Kunstgriff 36), vernebelnde Ausführungen oder Ausflüchte etc. verzichten. Auch Poltern oder Schreien, mit der Faust (oder einem Schuh) auf den Tisch klopfen dürften kaum wirksame Waffen sein. Die überzeugendsten rhetorischen Mittel sind auch hier kühle Sachlichkeit, klare Sprache und knappe Aussagen. Dann kann sich im besten Fall doch noch ein Gespräch unter Gleichgestellten ergeben.

e) Divergierende Gesprächsintentionen

Eine zweite Folge des Über-Unterordnungsverhältnisses sind die unterschiedlichen Gesprächsabsichten der Teilnehmer. Die Interessenlage des Kandidaten geht einmal dahin, die Ergebnisse und Folgerungen seines Vortrags gegen Einwände zu verteidigen. Das Ziel der Prüfer wird es sein, Schwächen des Vortrags zu benennen. Daraus ergibt sich zweitens für den Kandidaten die Möglichkeit, seine Ausführungen auf Nachfragen zu präzisieren oder zu ergänzen. Die Verteidigung sollte aber geschmeidig sein. Bei unhaltbaren Auffassungen oder der Erkenntnis, einen sachlichen Fehler begangen zu haben, ist eine gewisse Einsichtsfähigkeit eher vorteilhaft.

f) Fragerunde als Selbstbehauptungstest

Nach – angreifbaren – Vorstellungen mancher Prüfer soll die Fragerunde auch die Fähigkeit zur Stressresistenz und Durchsetzungsstärke ermitteln. Deshalb sollen auch provozierende Fragen gestellt werden (dürfen). Das ist nach unserer Meinung sowohl gefährlich als auch neben der Sache: Wer sich einem juristischen Staatsexamen unterzieht, der beweist bereits dadurch schon seine Fähigkeit, mit Stress positiv umzugehen. Und provozierende Fragen bringen die Prüfung möglicherweise auf ein Niveau, das von bestimmten „Talkshows" (Beispiele: „Wegsperren für immer", „Lebenslang für Steuersünder") nicht weit entfernt ist. Richtig an diesen Vorstellungen ist aber, dass der Kandidat bei Widerstand nicht gleich klein beigeben darf. Ein gehörige Portion Selbstbewusstsein ist erlaubt und auch gefordert. Schließlich steht man allein gleich drei oder vier „Gegnern" gegenüber.

g) Fragerunde als Reaktionstest

Die Fragerunde zeichnet sich auch dadurch aus, dass der Kandidat kaum Möglichkeiten hat, das Gespräch selbst zu gestalten. Ihm werden Fragen gestellt, auf die er zumeist nur reagieren kann. Dies erfordert ein hohes Maß an Geistesgegenwart. Aber auch hier gilt: Der Kandidat muss mitspielen. Dies ist allerdings oft leichter gesagt als getan: Je unklarer die Fragen, desto schwieriger wird es, auf sie vernünftig zu antworten. Dies mündet oft in verzweifeltem Schweigen. Der Kandidat sollte dann ruhig aus der Reserve gehen und fragen: Was meinen Sie damit?

3. Fazit

Das Verhalten in „echten" Diskussionen und Debatten und der Auftritt in der Fragerunde sind kaum vergleichbar. Die geforderte Examensleistung vermag nur sehr begrenzt das ganze Spektrum der Diskussionstechnik zu erfassen. Zur Übung und Einstimmung auf die in den meisten Diskussionen auftretenden typischen Situationen kann sie dagegen wegen ihrer Eigenart nur wenig beitragen.

Am ehesten vergleichbar ist die Fragerunde noch mit der Beratungssituation einer Kammer oder eines Senats, bei der ebenfalls ein Vortrag stattfindet und es anschließend darum geht, in der kontroversen Beratung die Mehrheit des Gremiums für sich zu gewinnen. Letztendlich geht es also (nur) darum, die Prüfer von der eigenen Position durch Sachlichkeit zu überzeugen.

IV. Grundkurs in Gesprächsführung

1. Soziologische Grundlagen

Nach den soziologischen Grundannahmen über das Verhalten der Menschen in der Alltagswelt, handeln Menschen auf der Grundlage der Bedeutung, die „Dinge" für sie haben.[95] Der Begriff „Ding" ist dabei ein Platzhalter für alle Gegenstände der belebten und unbelebten Natur, das heißt z. B. für andere Menschen aber auch für soziale Situationen und zwischenmenschliche Beziehungen.

In jedem Gespräch orientieren sich die Sprechenden an der Bedeutung, die das Gegenüber und der Gesprächsinhalt für sie haben und drücken sich deswegen höchst unterschiedlich aus, je nachdem ob das Gespräch zum Beispiel mit den Eltern, dem Partner, einem Freund oder einem Arbeitgeber geführt wird, ob es um Alltägliches geht, oder ein konkretes Ziel verfolgt wird, z. B. das Gegenüber überzeugt werden soll. Vor allem bei im juristischen Arbeitsalltag häufig vorkommenden Gesprächen, in denen gegenläufige Ziele verfolgt werden oder es um die kontroverse Einschätzung einer Sachlage geht, zielt das Gespräch auf die Herstellung von „Definitionsmacht"[96] ab, die einer der beiden Gesprächspartner für sich beanspruchen möchte.

Wenn Sie zum Beispiel Ihre Wohnung nach Ablauf der Mietzeit an den Vermieter übergeben möchten und zwischen Ihnen und dem Vermieter streitig ist, ob sich die Wohnung in einem Zustand befindet, der den Einbehalt der Kaution rechtfertigt, geht es um die Definition dieses Zustandes als normale Abnutzungserscheinungen infolge des vertragsgemäßen Gebrauchs oder als Beschädigung, die

---

[95] *Blumer*, The Methodological position of Symbolic Interactionism, S. 2: "The first premise is that human beings act toward things on the basis of the meanings that the things have for them. Such things include everything that the human being may note in his world – physical objects, such as trees or chairs; other human beings, such as a mother or a store clerk; categories of human beings, such as friends or enemies; institutions, as a school or a government; guiding ideals, such as individual independence or honesty; activities of others, such as their commands or request; and such situations as an individual encounters in his daily life". Näher zum symbolischen Interaktionismus: *Schneider*, Grundlagen der Kriminalprognose 1996, S. 126 ff.; *Bock* in: Göppinger, Kriminologie 2008, S. 158 ff. und in den Vorlesungen zur Kriminologie.

[96] Der Begriff der „Definitionsmacht" ist ein Schlüsselbegriff der Kriminologie, dessen Wurzeln in den so genannten „Etikettierungsansätzen" zu finden sind (Näher: *Schneider*, Vom bösen Täter zum kranken System, S. 275 ff.; *Bock*, in: Göppinger, Kriminologie 2008, S. 158; beispielhaft: *Feest/Blankenburg*, Die Definitionsmacht der Polizei). Die Frage der Definitionsmacht der Beteiligten stellt sich immer dann, wenn bei unterschiedlichen Wahrnehmungen oder Interessenlagen unter den Konflikt- oder Gesprächsparteien ausgehandelt wird, was der Fall ist. Die Definitionsmacht ist zum Beispiel von der Schichtzugehörigkeit, dem Alter, Beruf, Intelligenz und vor allem von der sprachlichen Kompetenz der Beteiligten abhängig. Insofern ist anzunehmen, dass Menschen mit geringerer Definitionsmacht beim Aushandeln der sozialen Lebenswirklichkeit den Kürzeren ziehen.

zum Einbehalt der Kaution berechtigt. Die Einordnung des Abnutzungsgrades der Wohnung ist keine naturwissenschaftlich feststellbare Größe, sondern ein soziales Konstrukt, das zwischen den Parteien ausgehandelt wird. Wer sich hier durchsetzen kann, hat im Gespräch die Definitionsmacht erlangt und es geschafft, seine Definition über die Bedeutung des streitigen Sachverhaltes gegen die Definition des Gesprächspartners durchzusetzen. Natürlich kann ein solches Gespräch auch in einem Kompromiss oder ohne Ergebnis enden, so dass der Streit um die Definitionsmacht noch nicht oder nicht endgültig ausgetragen worden ist. Im juristischen Alltag kann sich dieses für die Parteien oft günstige und angenehme „Unentschieden" in einer außergerichtlichen Einigung niederschlagen oder in einem Vergleich, im Strafverfahren in einer Einstellung des Ermittlungsverfahrens nach den §§ 153 ff. StPO oder einer verfahrensbeendenden Absprache.

Im wesentlichen sind es Schlüsselqualifikationen, die es Ihnen erleichtern, in einer solchen Situation die Definitionsmacht zu erlangen, den richtigen Moment und die richtigen Worte für einen Kompromiss zu finden und einen Konflikt beizulegen. In vielen Situationen des juristischen Arbeitsalltags werden die entscheidenden Weichen für die Streitentscheidung in einem Gespräch gestellt, z.B. in einem Telefonat mit dem gegnerischen Anwalt, in einem Rechtsgespräch zwischen Staatsanwaltschaft, Gericht und Verteidiger außerhalb der Hauptverhandlung oder in einer Verhandlung mit der Behörde. Die nachfolgende Darstellung zeigt Strukturelemente von Gesprächen auf und will Ihnen einige allgemeine Hinweise für die Gesprächsführung geben.

2. Die Gesprächsvorbereitung

In allen Gesprächen über juristische Sachverhalte muss in der Gesprächsvorbereitung zunächst durch eine rechtliche Analyse der Möglichkeiten und Chancen (inhaltliche Vorbereitung) der Verhandlungsrahmen geklärt werden. Vergewissern Sie sich also über Ihre konkrete Zielsetzung, das heißt darüber, was Sie mit dem Gespräch erreichen wollen. Klären Sie, ob die Verwirklichung dieses Zieles unter den gegebenen rechtlichen Voraussetzungen überhaupt möglich ist und legen Sie Ihre Argumente fest. So können Sie zum Beispiel als Verteidigerin oder als Verteidiger in ein Gespräch mit der Staatsanwaltschaft mit dem Ziel einsteigen, eine Einstellung des Ermittlungsverfahrens nach Opportunitätsgrundsätzen zu erreichen. Zuvor müssen Sie allerdings prüfen, ob eine solche Einstellung überhaupt möglich und nach dem bisherigen Ermittlungsergebnis auch realistisch ist. Bei der nachfolgenden Zieldefinition muss das bestmögliche Resultat ermittelt werden, z. B. eine Einstellung des Ermittlungsverfahrens nach § 153 StPO, das heißt ohne Weisungen bzw. ohne Auflagen für den Mandanten. Zudem sollten Sie einen Kompromiss festgelegen (und selbstverständlich mit Ihrem Mandanten erörtern), der zum Beispiel in der Zustimmung zu einer Einstellung nach § 153a StPO gegen Auflagen in einer bestimmten Höhe bestehen könnte. Schließlich muss auch das schlechteste Resultat ins Auge gefasst werden, bei dem das Gespräch gegebenenfalls auch abgebrochen werden kann, so z. B. wenn die Vertreterin/der Vertreter der Staatsanwaltschaft sich mit einer Einstellung nicht einverstanden erklären würde und durchblicken lässt, die Anklage gegen Ihren Mandanten zu erheben.

Neben dieser inhaltlichen Vorbereitung kann eine strategische Vorbereitung des Gesprächs erforderlich sein. Überlegen Sie, wann und wie Sie ihren Gesprächspartner kontaktieren wollen. Passen Sie den richtigen Zeitpunkt und die richtige Örtlichkeit ab. Prüfen Sie, wie Sie in das Gespräch einsteigen können. Suchen Sie nach Anknüpfungspunkten und Gemeinsamkeiten, damit Sie Ihr Gesprächspartner, vor allem wenn sie sich nicht gut kennen, einordnen kann. Dies gilt insbesondere dann, wenn das Gespräch am Telefon geführt wird und der Körper auch als Ausdrucksfeld nicht zur Verfügung steht. Behalten Sie – schon in der Vorbereitung – bei Gesprächen, die Sie und Ihr Gesprächspartner in Ihrer jeweiligen beruflichen Rolle als Juristin/Jurist führen, im Auge, dass es sich um ein Gespräch mit einer Kollegin oder einem Kollegen handelt. Bemühen Sie sich deshalb um eine kollegiale Grundeinstellung und begegnen Sie Ihrem Gegenüber mit affektiver Neutralität und Professionalität. Ihr Gesprächspartner ist Ihnen gleichberechtigt, er ist weder Ihr Freund noch Ihr Feind, es gibt keinen Anlass, sich vertrauensselig, anbiedernd oder dominant und aggressiv zu verhalten. Begegnen Sie einander auf Augenhöhe und betten Sie die Sachfrage, die Gegenstand Ihres Gespräches ist, in einen kollegialen Gesprächsrahmen ein.

3. Die Eröffnungsphase

In der Eröffnungsphase, deren Beginn durch die Begrüßung und deren Ende durch den Übergang zur Erörterung der Sachfrage markiert wird, legen die Gesprächspartner die Grundstimmung des Gesprächs fest. Die Grundstimmung des Gesprächs knüpft natürlich an die vorherige Kommunikation an, so dass hier nur einige allgemeine Hinweise gegeben werden können. Die Dauer der Eröffnungsphase orientiert sich am Zeitbudget, das für das Gespräch zur Verfügung steht. Hat man sich z. B. verabredet und findet das Gespräch in den Räumlichkeiten des einen oder anderen Gesprächspartners oder eines Dritten statt, bieten sich Rituale der Gastfreundschaft an, die sich atmosphärisch günstig auswirken und ein Thema für eröffnende Worte bieten. Offerieren Sie Ihren Gästen einen Kaffee, Tee oder eine Erfrischung, überwinden Sie durch den Wortwechsel zu Präferenzen über Milch und Zucker die möglicherweise vorhandene Beklemmung des ersten Augenblicks.

Häufig werden sich derartige Gespräche, z. B. Erörterungen im Beisein von Konfliktparteien über rechtlich relevante Sachverhalte, aber von vornherein nicht in völlig herrschaftsfreien Diskursen abspielen, sondern die Parteien und ihre Bevollmächtigten zielen darauf ab, über ihr Gegenüber die Definitionsmacht zu erlangen und sich mit ihren Interessen durchzusetzen. Achten Sie auf die diskreten Zeichen derartiger Versuche. Hier kann es schon eine Rolle spielen, welche Vorschläge zu der Frage unterbreitet werden, bei wem das Gespräch stattfinden soll. Auch in terminlichen Abspracheschwierigkeiten können sich Versuche manifestieren, über den anderen die Definitionsmacht zu erlangen. So ist es manchen Gesprächspartnern wichtig, dass ihr Verhandlungspartner auf ihren Terminvorschlag eingeht und sie nicht in einen Terminvorschlag ihres Gegenübers einwilligen müssen. Definitionsmacht drückt sich auch darin aus, wer es in die Hand nimmt, die Einführungsphase des Gesprächs abzuschließen und zur Hauptphase überzugehen.

- Von größter Wichtigkeit bei der Analyse der Gesprächsbedingungen in der Eröffnungsphase sind auch die nonverbalen Kommunikationsinhalte. Achten Sie zum Beispiel auf die Art, wie Ihr Gegenüber Ihnen die Hand gibt. Versucht Ihr Gesprächspartner Ihre Hand so zu drehen, dass seine Handoberseite nach oben zeigt, will er buchstäblich die Oberhand gewinnen. Es handelt sich also um eine Dominanzgeste! Bei der Körpersprache ist auch zu berücksichtigen, dass sie sich zugleich zum Aussenden und zum Empfangen von Kommunikationsinhalten eignet. Sie können zum Beispiel durch Ihre Körpersprache die verbal geäußerten Argumente Ihres Gegenübers sehr wirkungsvoll kommentieren. Nonverbale Botschaften können schließlich in Widerspruch zu dem gesprochenen Wort stehen und die wahren Vorstellungen und Einstellungen Ihres Gegenübers verraten. Berücksichtigen Sie aber, dass auch die Körpersprache kulturell überformt ist. Das Ausdrucksverhalten des Menschen ist abhängig von Geschlecht, Schicht und Beruf. Dies muss bei seiner Interpretation in Rechnung gestellt werden.

Seien Sie sich dieser Strategien bewusst, es muss nicht nachteilig seien, wenn Sie die Führung Ihrem Gegenüber überlassen. Die Kenntnis derartiger Rituale erleichtert es Ihnen lediglich, Ihr Gegenüber zu verstehen und sich entsprechend einzustellen. Die professionellen Juristinnen und Juristen, die solche Gespräche im Beisein Ihrer Mandanten führen, haben insoweit auch die Funktion, emotional glättend zu wirken und das Gespräch auf eine sachliche Ebene zu bringen.

4. Die Hauptphase

Einer der beiden Gesprächspartner eröffnet die Hauptphase des Gesprächs. Hierfür bieten sich bestimmte Redewendungen an, durch die die Thematik auf die im Gespräch zu diskutierende Sachfrage gelenkt wird. Manchmal beginnen beide Gesprächspartner gleichzeitig, z. B. nach einer kleinen Pause und bestimmten Handlungen, wie etwa dem simultanen Abstellen einer Kaffeetasse. Hier helfen Reparaturmechanismen, die sich wiederum atmosphärisch auswirken und die Höflichkeit der Gesprächspartner dokumentieren. So kann einer der Gesprächspartner mit einem Wort, einer Handbewegung oder einer anderen Geste oder Mimik seinem Gegenüber den Vortritt überlassen und ihm Gelegenheit geben, zunächst seinen Standpunkt zu entfalten.

In nicht formalisierten Gesprächen, bei denen es keine Wortmeldungen und keine festgelegten Redezeiten gibt, gilt als Faustregel, dass der Sprechende solange das Wort behält, bis er seinen Gedankengang vollständig dargelegt hat. Eine Unterbrechung ist unhöflich und wirkt sich auch atmosphärisch nicht förderlich auf den Gesprächsverlauf aus.

Behalten Sie während des gesamten Gesprächs Ihr Ziel im Auge. Geht es um die Rechtsanwendung einer von Ihnen zur Begründung Ihres Standpunktes herangezogenen Norm, legen Sie klar die Tatbestandsvoraussetzungen dieser Norm dar und fokussieren Sie Ihr Ziel über die Rechtsfolgenseite des Ihres Erachtens nach einschlägigen gesetzlichen Tatbestands. Diese Zielorientierung erleichtert Ihnen auch die Gesprächssteuerung, das heißt die Systematisierung der Gedanken Ihres Gegenübers im Hinblick auf die Relevanz des Gesagten für Ihren eigenen Standpunkt. Um Ihr Gegenüber zu verstehen, bietet es sich an, den gesamten Lebenssachverhalt aus der Perspektive des anderen zu beleuchten. Erst wenn Sie die Sichtweise des anderen verstanden haben und die Rechtslage vollständig aus dieser Perspektive erfassen, können Sie wirkungsvolle Strategien entwickeln, Ihren Gesprächspartner von Ihrer Sichtweise zu überzeugen. Insbesondere wenn Sie über mehr Sachkenntnis verfügen als der andere, z. B. wenn Sie den Eindruck haben, die bessere Juristin oder der bessere Jurist zu sein, lassen Sie diese möglicherweise bestehende fachliche Überlegenheit Ihr Gegenüber nicht spüren. Sie können sonst leicht eine Blockadehaltung auslösen und Unsicherheit erzeugen, so dass sich Ihr Gegenüber nicht trauen wird, auf einen bestimmten Vorschlag Ihrerseits überhaupt einzugehen. Drücken Sie sich einfach aus, fassen Sie sich so kurz wie möglich und fragen Sie höflich nach, wenn Sie etwas akustisch, inhaltlich oder fachlich nicht verstanden haben. Haben Sie den Eindruck, Ihr Gegenüber sei besser in den Fall eingearbeitet oder verfüge über die besseren juristischen Fachkenntnisse, dürfen Sie sich nicht der Geschwindigkeit und dem Gesprächsduktus der Gegenseite unterwerfen. Fragen haben hier eine retardierende Funktion, sie dienen dazu, das Argumentationstempo an Ihre Kapazitäten anzupassen. Es zeugt von Professionalität, wenn Sie z. B. nach der Fundstelle einer vom Gegenüber zitierten Entscheidung fragen, zu erkennen geben, dass diese Entscheidung Ihrer Aufmerksamkeit bisher wohl entgangen ist und Sie den vorgebrachten Standpunkt erst selbst überprüfen möchten.

Gespräche bedeuten Kommunikation und diese ist unvereinbar mit langen Monologen. Wie oben bereits dargelegt, ist es zwar nicht zulässig, den anderen zu unterbrechen, taktvolle Signale dürften aber in der Regel ausreichen, um zu dokumentieren, dass Sie nicht mehr aufnahmefähig sind.

Insbesondere in Rechtsgesprächen über streitige Rechtsverhältnisse wird es immer wieder vorkommen, dass Ihr Gegenüber Sie mit neuen Sachverhaltsangaben, einer neuen Tatsache, einem zuvor noch unbekannten Zeugen oder Dokument überraschen möchte. Dies ist an sich unhöflich aber leider durchaus üblich. Hier ist es elementar wichtig, sich von dieser Strategie nicht überrumpeln zu lassen. Hören Sie sich den Standpunkt Ihres Gegenübers an und bitten Sie, den weiteren Fortgang der Angelegenheit auf einen späteren Zeitpunkt zu vertagen, da Sie die neue Sach- und Rechtslage erst prüfen und mit Ihrem Mandanten erörtern müssen. Sofern Ihr Gesprächspartner schnell an einer Einigung interessiert ist, kann es förderlich sein, das Gespräch zunächst über die beiderseits bekannten Aspekte fortzusetzen und die wechselseitigen Zielvorstellungen und Grenzen auszuloten. Lassen Sie sich aber keinesfalls nur aufgrund des neu vorgebrachten Standpunktes dazu hinreißen, eine schnelle und unüberlegte Entscheidung zu treffen.

5. Die Schlussphase

Auch die Schlussphase muss eingeleitet werden. Haben Sie zum Beispiel im Zusammenhang mit der Diskussion einer streitigen Rechtsfrage eine Einigung erzielt oder festgestellt, dass aufgrund der Unvereinbarkeit der Standpunkte derzeit eine Einigung nicht möglich ist, wird eine der Gesprächsparteien zur Schlussphase übergehen. Um Klarheit über die erzielten Erfolge zu erlangen, empfiehlt es sich, das Erreichte zusammenzufassen und die weitere Vorgehensweise darzulegen. Dies ist regelmäßig der Übergang zur Verabschiedung, die formal das Ende des Gespräches dokumentiert. Fertigen Sie nach Beendigung des Gesprächs unbedingt eine Notiz in der Art eines kleinen Protokolls an, in dem Sie festhalten, wer an welchem Ort mit wem gesprochen hat und zu welchem Ergebnis man gekommen ist. Diese Skizze kann es Ihnen in späteren Gesprächen erleichtern, Ihr Gegenüber an Absprachen zu erinnern und den Status Quo zu fixieren, wenn später vorgetragen wird, es sei damals doch alles ganz anders gemeint gewesen.

V. Grundkurs in Selbstorganisation und Zeitmanagement

Die kriminologische Literatur und einschlägige empirische Untersuchungen berichten über „ungebremst im Augenblick" lebende Menschen, deren Tagesablauf keiner vorhersehbaren Struktur folgt und oft erst nachmittags beginnt und am frühen Morgen endet. Selbstorganisation und Zeitmanagement bedeuten hier den oft mühsamen Prozess einer Strukturierung des Tagesablaufs in Leistungs- und Freizeitbereich mit zeitlich abgrenzbaren sowie inhaltlich festgelegten Tätigkeiten. Die so genannte „Managerliteratur", die in kaum übersehbaren Anleitungsbüchern Strategien des „Zeitmanagements" anpreist,[97] ist demgegenüber auf den diametral entgegen gesetzten Menschentypus bezogen: Den „Workaholic", dessen Leben vom Leistungsbereich dominiert wird und dessen „work-life-balance" aus dem Gleichgewicht geraten ist. Nahezu alle Anleitungsbücher dieser Art sind gleich aufgebaut. Zunächst soll sich der Leser in den Schilderungen wieder erkennen. Der Autor veranschaulicht deshalb den Alltag eines typischen erfolgreichen aber vollständig überarbeiteten Lesers, dessen Leben von Terminen beherrscht wird:

„Mein Leben ist hektisch! Den ganzen Tag habe ich keine ruhige Minute – Konferenzen, Anrufe, Schreibarbeit, Verabredungen. Ich hänge mich voll rein, falle erschöpft ins Bett, und frühmorgens am nächsten Tag geht das Ganze wieder von vorne los. Ich habe eine enorme Arbeitsleistung und erledige sehr viel. ... Alle erzählen mir, wie erfolgreich ich bin. Ich habe gearbeitet, geschuftet und Opfer gebracht. Jetzt habe ich es geschafft, aber ich bin nicht glücklich."[98]

---

[97] Vgl. z. B. *Covey*, S. R., Der Weg zum Wesentlichen. Zeitmanagement der vierten Generation; *Seiwert*, L. J., Mehr Zeit für das Wesentliche. Besseres Zeitmanagement mit der SEIWERT-Methode; *Institut für Beratung und Training*, Mit PEP an die Arbeit. So organisiere ich mich und meinen Job; *Seidel*, E., Zeitstress – ade!; *Koenig/Roth/Seiwert*, 30 Minuten für optimale Selbstorganisation.

[98] *Covey*, S. R., Der Weg zum Wesentlichen. Zeitmanagement der vierten Generation, S. 14.

Der Autor gibt sich sodann als nicht minder erfolgreicher (z.B. „Zeitmanagement-Papst Europas")[99] – zu seinem Leser deshalb auf Augenhöhe sprechender bzw. schreibender – Partner oder Freund aus, der dem Leser sein Erfolgsrezept effektiven „Zeitmanagements" „verrät". So heißt es in einem anderen Werk dieser Literaturgattung:

> „Ein Alptraum-Szenario! Selbst wenn nicht alles auf einmal geballt auf uns einstürzt, so kennen wir doch diese oder ähnliche Zustände mit ihren unbefriedigenden Folgen … . Mit dem Erwerb dieses Buches haben Sie die Gefahr erkannt und einen ersten Schritt getan, Ihre Arbeitsorganisation zu optimieren. Herzlichen Glückwunsch dazu! Nun müssen Sie die guten Vorsätze nur noch umsetzen, und dabei werden wir Ihnen gerne helfen".[100]

Nicht selten werden die vorgeschlagenen Maßnahmen der Lebensveränderung nach Art einer säkularen Heilslehre mit missionarischem Eifer vorgetragen, und sie versprechen den Weg zum wahren Glück und zu dauerhaftem Erfolg. Die dahinter stehenden Hinweise sind häufig banal. Manche Informationen sind nützlich, sie lassen sich aber oft nicht umsetzen, weil der Arbeitsalltag, auch in vielen juristischen Berufen, einem kaum beeinflussbaren Rhythmus folgt: Ein Verteidiger hat häufig zwischen 9.00 Uhr und 16.00 Uhr Hauptverhandlungstermine, erledigt von seinem Auto aus auf dem Weg vom oder zum Termin die wichtigsten Telefonate, empfängt danach in seinem Büro Mandanten und hat erst am Abend oder am Wochenende Zeit für das Aktenstudium oder für Schriftsätze. Deshalb hilft hier zum Beispiel der Tipp, alle anfallenden Arbeiten sofort zu erledigen und „nichts mehr auf die lange Bank zu schieben", wenig.

Dennoch sind einige Hinweise zum Zeitmanagement und zur Selbstorganisation auch für Studierende der Rechtswissenschaft empfehlenswert, zumal das Gefühl der Zeitknappheit in der Examensvorbereitungsphase oft zum ersten Mal im Leben auftritt und man noch keine persönlichen Erfolgsrezepte verinnerlicht hat:

- *Legen Sie einen eindeutigen Zeitpunkt für den Beginn Ihrer Examensvorbereitungsphase fest.* Die Vorbereitung der staatlichen Pflichtfachprüfung ist eine besondere Phase Ihres Studiums. Sie ist zielgerichteter als das bisherige Studium, bei dem Sie es sich leisten konnten und sollten, „über den Tellerrand" zu schauen, ein Seminar oder eine Veranstaltung zum Studium Generale zu besuchen oder ein Semester im Ausland zu verbringen. Wenn Sie mit der Examensvorbereitung beginnen, sollten Sie „scheinfrei" sein, das heißt alle Zulassungsvoraussetzungen vorweisen können. Es ist nicht ratsam, in dieser Phase parallel an den Zulassungsvoraussetzungen zu arbeiten und etwa neben der Vorbereitung auch noch die Arbeiten für den „großen Schein" im Öffentlichen Recht anzufertigen. Die Examensvorbereitung verlangt Ihre volle Aufmerksamkeit, und Sie sollten sich nicht verzetteln oder sich gleich zu Beginn dieser Phase überfordert fühlen.

---

[99] *Koenig/Roth/Seiwert*, 30 Minuten für optimale Selbstorganisation, S. 7.
[100] *Koenig/Roth/Seiwert*, 30 Minuten für optimale Selbstorganisation, S. 6.

- *Suchen Sie sich Ihren optimalen Arbeitsplatz und setzen Sie „Bürozeiten" fest.* Erfolgreiches Arbeiten setzt einen Arbeitsplatz voraus, an dem Sie sich wohl fühlen. Hier kann man nichts verallgemeinern, jeder muss für sich selbst den richtigen Platz finden. Für den einen ist es die Seminarbibliothek, für den anderen der häusliche Schreibtisch. Probieren Sie aus, an welchem Ort Sie sich konzentrieren können und welcher Arbeitsplatz zu Ihnen passt. Ansonsten gilt: reduzieren Sie die Komplexität durch Routine. Deshalb ist es ratsam, an selbst festgelegten Tagen in der Woche zu festgelegten Zeiten zu arbeiten. Die Examensvorbereitung ist jetzt Ihr Beruf und diesen üben Sie zu bestimmten Arbeitszeiten aus. Dies ist häufig effizienter, als einen Tag oder eine Nacht 12 Stunden am Stück zu arbeiten und danach entkräftet zwei Tage zu pausieren.
- *Arbeiten Sie in den Blöcken Lernen, Wiederholen und Trainieren.* Ein Tag in der Examensvorbereitung sollte mehrere Methodenwechsel beinhalten. Viele Studierende wollen den ganzen Tag ein Lehrbuch durcharbeiten und am Abend möglichst viele Seiten mit dem Markierstift bearbeitet haben. Die Konzentration und Merkfähigkeit ist aber in der Regel spätestens nach 90 Minuten erschöpft. Danach sollten Sie eine kurze Pause machen und einen anderen Arbeitsblock von 1,5 Stunden beginnen. Das *Wiederholen* bereits erlernten Wissens, zum Beispiel anhand von Fragen, die Sie sich zu bestimmten Themenkomplexen notiert haben (z.B. welche Voraussetzungen hat ein Vertrag mit Schutzwirkung zugunsten Dritter?), festigt das erlernte Wissen und verschafft Ihnen Erfolgserlebnisse. Können Sie die Frage nicht beantworten, müssen Sie das Lehrbuch oder Skript einsehen und die entsprechende Passage neu durcharbeiten. Wichtig ist das *Trainieren* anhand von Fällen, das sich zum Beispiel auch für die Zeit nach der Mittagspause anbietet. Denn auf einen Fall, den Sie selbst aktiv bearbeiten, können Sie sich in der Regel auch nach einer Mahlzeit und während der „Mittagsmüdigkeit" noch konzentrieren. Gliedern Sie also im dritten Block einen Übungsfall und überprüfen Sie Ihre Lösung anhand einer Lösungsskizze.
- *Abwechslung verschaffen.* Wechseln Sie ruhig in der Woche zwischen den Hauptgebieten. Nach zwei Tagen Zivilrecht etwa darf die „Lernspeisekarte" durchaus variieren. Der Lerneffekt ist höher, wenn Sie sich dann die nächsten zwei Tage mit Strafrecht oder Öffentlichem Recht beschäftigen. Und in der nächsten Woche vielleicht andersherum.
- *Laufen Sie nicht vor dem Falltraining davon.* Das Falltraining sollte von Anfang an zu Ihrer Examensvorbereitung gehören. Viele Studierende denken, sie müssten erst die Lehrbücher 1-100 durchgearbeitet haben, um über das nötige Wissen zu verfügen, eine Klausur schreiben zu können und verschieben daher das Falltraining Woche um Woche. Diese Studierenden werden sich erfahrungsgemäß nie sicher und ausreichend vorbereitet fühlen. Stattdessen wächst die Angst vor den Klausuren, und die Hürde, sich dieser Prüfung zu unterziehen, wird immer höher. Unterteilen Sie die Arbeit an Fällen in die beiden Ebenen „gliedern" und „schreiben". Täglich sollten Sie mindestens einen kleineren Übungsfall gliedern. Da das Schreiben unter Examensbedingungen sehr aufwendig ist, genügt es, wenn Sie eine Klausur in der Woche unter diesen Bedingungen (also fünf Stunden ohne weitere Hilfsmittel) anfertigen. Geben

Sie diese Klausur immer ab und versuchen Sie, immer eine vollständige Lösung anzufertigen. Die Arbeit an einer Klausur mit Ihnen noch unbekannten Problemen schult den Umgang mit den Auslegungsmethoden. Außerdem kann Ihnen auch im Staatsexamen immer eine Klausur begegnen, die Ihnen noch unbekannte Probleme enthält. Wenn Sie Schwierigkeiten mit dem Formulieren der Lösung haben, können Sie auch mit einem Diktiergerät üben. Fertigen Sie eine sorgfältige Lösungsskizze an und diktieren Sie sodann die Lösung. Dies schult Ihre Konzentration und ist weniger zeitintensiv, als das schriftliche Ausformulieren der Lösung.

- *Erstellen Sie sich Ihren Lernplan.* Um effektiv arbeiten zu können, sollten Sie sich genaue Ziele setzen, zum Beispiel das Arbeitspensum „Versuch und Rücktritt" in der 4. Kalenderwoche. Wahrscheinlich werden Sie am Anfang eher zu ehrgeizig und motiviert sein und sich unrealistische Ziele setzen. In diesem Fall muss die Zielvorgabe den Möglichkeiten angepasst werden. Im Lernplan sollte auch den unterschiedlichen Blöcken „lernen", „wiederholen" und „trainieren" Rechnung getragen werden.

- *Stellen Sie sich Ihre Arbeitsmaterialien zusammen.* Es kostet sehr viel Zeit, ein Problem in mehreren Lehrbüchern und Aufsätzen zu rekonstruieren. Suchen Sie sich für die Examensvorbereitung die Bücher und Unterrichtsmaterialien aus, die zu Ihnen passen und mit denen Sie gut arbeiten können. Diese Bücher sollten Sie sich gekauft haben, damit Sie auch etwas unterstreichen oder Randkommentare anbringen können.

- *Gründen Sie eine Lerngruppe und legen Sie deren Arbeitszeiten fest.* Die Arbeit mit der Lerngruppe ist ein wichtiger Bestandteil der Examensvorbereitung. Die Examensvorbereitung ist eine einsame Angelegenheit und die Kommunikation mit anderen kommt meistens zu kurz. Wenn Sie anderen ein Problem oder einen Meinungsstand erklären, wiederholen und festigen Sie das Gelernte. Außerdem erkennen Sie eigene Wissenslücken und sehen Probleme mit anderen Augen und aus einem anderen Blickwinkel. Der Vergleich mit den anderen ist auch ein guter Spiegel zur Beurteilung des eigenen Wissensstandes und es kann motivieren, vielleicht in der nächsten Sitzung der Gruppe einen Wissensvorsprung erlangt zu haben. Außerdem stärkt die Gruppensolidarität ihr Selbstbewusstsein und hilft, die Selbstzweifel zu zerstreuen, die sich in der Examensvorbereitung immer einstellen. Die Gruppe hat ein gemeinsames Ziel und das hält zusammen! Achten Sie aber darauf, dass auch die Arbeit mit der Gruppe eine Struktur hat, das heißt zu festgelegten Zeiten stattfindet und an inhaltlichen Zielvorgaben orientiert ist. Ein etwa gleicher Leistungsstand ist produktiver für alle als die Situation eines „Repetitors" und seiner „Schüler". Aber machen Sie sich nichts vor. Bei Arbeiten in Gruppen besteht die Gefahr, dass ein oder zwei die Arbeit dominieren und alle der gleichen Meinung sind. Überprüfen Sie daher gelegentlich selbständig Ihren persönlichen Wissensstand. Dann wissen Sie sicher, wo Sie selbst stehen.

- *Belohnen Sie sich.* Sie haben eine gute Woche hinter sich. Sie haben eine Klausur im Klausurenkurs gut bestanden oder Sie trauen es sich jetzt endlich, Ihre Übungsklausuren ohne weitere Hilfsmittel außer dem Gesetzestext zu schreiben. Dies ist ein Grund, sich zu belohnen, z. B. mit einem freien Tag,

mit einem ausschweifenden Abend mitten in der Woche, mit einem Kinobesuch, einer Runde Sport oder „Shopping".
- *Schaffen Sie sich Ausgleich.* Wenn Sie den Rat befolgt und sich „Bürozeiten" eingerichtet haben, hat Ihr Tag eine klare Struktur und einen Leistungs- und Freizeitbereich. In der Freizeitphase dürfen Sie abschalten und das machen, was Ihnen Spaß macht. Es ist nicht effektiv, 24 Stunden am Tag in der Examensvorbereitung zu sein, an nichts anderes zu denken und von nichts anderem zu sprechen, als vom Examen. Denken Sie auch an Ihren Partner, Ihre Familie und Freunde. Sie sind überdies ein Netz, in das man sich fallen lassen kann, wenn es nicht so gut läuft. Vernachlässigen Sie deshalb nicht Ihre sozialen Kontakte.
- *Akzeptieren Sie „kognitive Dissonanz".* Je näher das Examen rückt und je wichtiger Ihnen deshalb die Vorbereitung und die Zeit am Schreibtisch erscheint, umso schlechter werden Sie sich bei anderen Aktivitäten (z. B. der Familienfeier an einem Werktag, einem notwendigen Behördengang usw.) fühlen, die Sie vom Arbeiten abhalten. Dieser Zustand „kognitiver Dissonanz"[101] ist normal. Die Stärke der Dissonanz ist eine Funktion der Wichtigkeit der miteinander dissonanten Elemente („Ich muss lernen" versus „ich muss zum Geburtstag meiner Mutter") und zeigt damit im Grunde nur auf, welche Bedeutung die Examensvorbereitung für Sie hat.
- Im Termin gilt: *Never change a winning system.* In der Examensvorbereitungsphase haben Sie auch für die 5stündige Examensklausur Ihr passendes Zeitmanagement erarbeitet. Sie wissen also, wie viel Zeit etwa das vollständige Erfassen des Sachverhalts, die Erstellung der Lösungsskizze und die Anfertigung der Lösung erfordern. Im Examen wird aber vielleicht Ihr Banknachbar nach einer ¾ Stunde mit der Reinschrift seiner Klausurlösung anfangen, während Sie gerade mit der Gliederung beginnen möchten. Es spricht einiges dafür, dass Ihr Banknachbar gerade einen verhängnisvollen Fehler begeht – denn man überblickt selten bereits nach so kurzer Zeit alle Probleme des Sachverhalts und kann schon mit der Reinschrift beginnen. Lassen Sie sich also nicht aus der Ruhe bringen, und halten Sie sich an Ihr erprobtes Erfolgsrezept. Das Examen ist nicht der richtige Zeitpunkt für Experimente.
- Im Termin gilt: *Aus den Augen, aus dem Sinn.* Viele Examenskandidatinnen und Examenskandidaten lösen ihre Examensklausur noch am Nachmittag und am Wochenende und recherchieren sogar in der Bibliothek, ob sie die Aufgabe richtig bearbeitet haben. Von einer derartigen Ressourcenverschwendung ist dringend abzuraten. Versuchen Sie, sich spätestens nach dem Mittagessen gedanklich von der Klausur des Vormittags zu distanzieren. Nutzen Sie den Nachmittag, um abzuschalten und Kraft für den nächsten Tag zu sammeln, denn das Examen ist auch physisch eine Herausforderung.

---

[101] *Festinger*, Theorie der kognitiven Dissonanz, S. 28 ff.

§ 5 Die Vermittlung von „Schlüsselqualifikation": Praktischer Teil

Wie bereits mehrfach erwähnt, sind Schlüsselqualifikationen Gegenstand der mündlichen Prüfung in mehreren Bundesländern. Der Nachweis von Schlüsselqualifikationen erfolgt in der Regel in Gestalt einer eigenständigen Prüfungsleistung. Die Form dieser Prüfungsleistung besteht in einem mündlichen Vortrag. Gegenstand des mündlichen Vortrags sind üblicherweise aktuelle rechtspolitische Themen, zu denen der Prüfling Stellung nehmen soll. An den mündlichen Vortrag schließt sich eine Fragerunde an, in der der Vortragende seinen Standpunkt gegenüber Nachfragen und Widersprüchen verteidigen soll. Diese Ausgestaltung der mündlichen Prüfung von Schlüsselqualifikationen bringt es mit sich, dass aus Sicht der Studierenden die folgenden 4 Fragen von Interesse sind.

1. Welcher Art ist die Vortragsaufgabe?
2. Wie halte ich einen guten Vortrag?
3. Wie verhalte ich mich in der Fragerunde?
4. Welche Kriterien gibt es für die Bewertung des Vortrags, und wie verhalte ich mich im weiteren Verlauf der mündlichen Prüfung?

I. Die Vortragsaufgabe

Die Vortragsaufgabe, mit der das Vorhandensein von Schlüsselqualifikationen festgestellt werden soll, enthält einen Aufgabentext, an den sich eine bestimmte Aufgabenstellung für den Vortrag anschließt.

1. Der Aufgabentext

Der Aufgabentext bildet die Grundlage für den zu erarbeitenden Vortrag. Er spricht in der Regel ein aktuelles rechtspolitisches Thema oder einen konkreten Gesetzesvorschlag an. Aufgabentexte können aus verschiedenen Quellen stammen, so etwa aus Zeitungsausschnitten, Auszügen aus juristischen Aufsätzen oder Gesetzesmaterialien. Die Aufgabentexte sind in der Regel aufgearbeitet, d.h. es handelt sich nicht um einen reinen Abdruck einer Quelle, sondern die Aufgabe ist für den Vortrag auf die spezifische Aufgabenstellung zugeschnitten worden.

Die Länge der Aufgabentexte kann variieren. Nach einer gewissen Erprobungsphase haben die Justizprüfungsämter allerdings die Erfahrung gemacht, dass der Aufgabentext in der Regel nicht mehr als eine DIN A4-Seite umfassen sollte.

Die derzeitige Tendenz geht sogar dahin, die Aufgabentexte eher kürzer zu fassen. Beispiel von Aufgabentexten finden Sie im Anhang des Buches.

2. Die Aufgabenstellung

Mit jedem Aufgabentext ist eine bestimmte Aufgabenstellung verbunden. In ihrer Ausgestaltung variieren sie erheblich. So gibt es reine „Positionierungsaufgaben" (*Aufgabentyp 1*). Bei diesen wird die selbständige Entwicklung eines eigenen Standpunkts unter Berücksichtigung selbst zu entwickelnder oder vorgegebener Argumente erwartet.

> **Beispiele**: „Positionieren Sie sich zu dem Vorschlag, Deutsch als Pflichtsprache in Kindergärten einzuführen" (Fragestellung zu der im Anhang abgedruckten Aufgabe „Deutsch als Pflichtsprache") oder (noch allgemeiner) „Positionieren Sie sich zu dem generellen Für und Wider".

Daneben sind Aufgabenstellungen gebräuchlich, bei denen eine Zusammenfassung von Argumenten mit dem Auftrag zur Bewertung der Argumente und zur eigenen Stellungnahme verbunden ist (*Aufgabentyp 2*).

> **Beispiel** (Fragestellung zu einer Aufgabe mit dem Thema „Erfolgshonorar für Rechtsanwälte): „1. Geben Sie die Argumente der beiden Positionen wieder. 2. Wie ist ihre Meinung zu Erfolgshonoraren für Rechtsanwälte?" oder auch: „1. Fassen Sie den Text kurz zusammen. 2. Bewerten Sie die Argumente."

Schließlich sind Aufgabenstellungen üblich, bei denen mehrere unterschiedliche Fragen zu einzelnen Aspekten des Aufgabentextes gestellt werden (*Aufgabentyp 3*).

> **Beispiel** (Fragestellung zu einer Aufgabe mit dem Thema „Elternwahlrecht oder Kinderwahlrecht: Demokratie auf Abwegen?"): 1. Beurteilen Sie die Vereinbarkeit der beiden Wahlrechtsmodelle mit den verfassungsrechtlichen Wahlgrundsätzen (Lassen Sie dabei Art. 38 Abs. 2 GG außer Betracht). 2. Sind die Wahlrechtsgrundsätze des Art. 38 Abs. 1 Satz 1 GG einer Modifikation durch den verfassungsändernden Gesetzgeber zugänglich?

Statistisch gesehen sind derzeit die Positionierungsaufgaben die häufigste Variante der Aufgabenstellung. Allerdings ist eine Tendenz zu beobachten, dass die Justizprüfungsämter auch zunehmend Aufgaben vom Typ 2 stellen.

Mit diesem Wissen über den Aufgabentext und die Aufgabenstellung versehen, können wir uns nun der eigentlichen Frage zuwenden, die da lautet: „Wie halte ich einen guten Vortrag?"

II. Der Vortrag

Allgemeine Hinweise zur Vortragsgestaltung fanden Sie bereits in den Grundkursen zur Rhetorik und zur Vortragstechnik. Diese allgemeinen Hinweise gilt es nun auf die konkrete Prüfungsleistung und die Prüfungssituation anzuwenden. Hierzu sind einige Besonderheiten zu beachten.

1. Die Vorbereitungsphase

Für die Vorbereitung des Vortrags stehen den Prüflingen in manchen Bundesländern 60 Minuten, in anderen lediglich 30 Minuten zur Verfügung. Diese knappe Zeit will gut genutzt sein. Folgende Phasen der Vorbereitung sind zu unterscheiden.

a) Die Lesephase
Schon in der Lesephase gilt es, gravierende Fehler zu vermeiden. Starten sollten Sie mit dem Lesen der Aufgabenstellung am Ende des Textes. Mit der Information versehen, welche Frage Sie eigentlich mit Ihrem Vortrag beantworten sollen, können Sie sodann den eigentlichen Aufgabentext viel zielgerichteter und effektiver lesen.

b) Die Präparations- oder Aufbereitungsphase
Nachdem die erste Lektüre des Aufgabentextes einen Überblick verschafft hat, erfolgt ein nochmaliges Lesen des Aufgabentextes mit dem Ziel, sich erste Gedanken zu dem Thema zu notieren und diese vorläufig zu ordnen.

c) Die Ausarbeitungsphase
Die Ausarbeitungsphase ist die entscheidende Phase der Vortragsvorbereitung. Auf sie sollte die meiste Zeit verwandt werden. Zunächst gilt es, das Ziel des Vortrags zu bestimmen: „Was will ich den Zuhörern sagen. Was ist meine Botschaft?"

Nachdem dies geklärt ist, sollte der Vortrag mit Hilfe von A5-Karteikarten gegliedert werden. Eine gute und überzeugende Gliederung ist das A und O Ihres Vortrags. Es ist deshalb nicht verwunderlich, dass dieser Aspekt auch in der Bewertung eine große Rolle spielt.

Von großer Wichtigkeit und in der Wirkung nicht zu unterschätzen ist der Einleitungssatz Ihres Vortrags. Mit einer gut formulierten und zündenden Einleitung erreichen Sie es, dass die Zuhörer gleich positiv auf Ihren Vortrag eingestimmt sind. Danach sollten Sie Ihre Hauptargumente zu den einzelnen Blöcken des Hauptteils zuordnen. Hierbei sollte es Sie nicht schrecken, dass Sie einzelne Argumente noch hin- und herschieben. Vorrangig ist vor allen Dingen, dass die Anordnung der Argumente gut strukturiert ist und Überzeugungskraft besitzt.

Schließlich sollten Sie nicht vergessen, eine wirkungsvolle Schlussbemerkung zu formulieren. Neben der gelungenen Einleitung ist es gerade der Schluss, der bei den Zuhörern am längsten nachwirkt.

Während der Ausarbeitung geschieht es nicht selten, dass den Vortragenden Ängste und schwarze Gedanken überfallen. Man beschäftigt sich mit dem möglichen, in der eigenen Vorstellung zumeist negativen Ergebnis, statt sich auf die konkrete Aufgabe zu konzentrieren. Wichtig ist daher in psychologischer Hinsicht, sich selbst zu bestätigen und Selbstvertrauen durch aufbauende Formeln, wie „Ich schaffe das und ich schaffe es gut" oder durch die Wendung „Ich will es, ich kann es und ich schaffe es", herzustellen.

2. Der Aufbau des Vortrags

a) Die Einleitung

Am Anfang des Vortrags steht eine Einleitung von etwa 60 bis 90 sekündiger Dauer. Die Einleitung hat vor allem die Funktion, die Zuhörer auf das Thema einzustimmen. Ein Nebeneffekt sollte es sein, zugleich die Zuhörer für sich zu gewinnen. Inhaltlich soll mit der Einleitung das Thema des Vortrags umrissen werden. Geschickt ist es über dies, bereits hier den eigenen Standpunkt erkennen zu lassen. Dies deshalb, weil die Prüfer als Zuhörer eine klare Positionierung grundsätzlich zu schätzen wissen.

b) Die Vorschau auf das, was kommt

In unmittelbarem Anschluss an die Einleitung und noch vor dem eigentlichen Hauptteil sollten Sie eine Vorschau geben, eine Art „Trailer", was Sie im Hauptteil Ihres Vortrags abzuhandeln gedenken. Dies kann in der Weise geschehen, dass Sie formulieren: „Ich werde erst Aspekt 1 abhandeln und dann anschließend zu Problem 2 übergehen". Diese Vorschau erleichtert dem Zuhörer ganz wesentlich, Ihrem Vortrag zu folgen und trägt deshalb wesentlich zur Überzeugungskraft Ihres Vortrags bei.

c) Der Hauptteil

Der Hauptteil bildet den Mittelpunkt Ihres Vortrags. Er sollte deshalb auch quantitativ den größten Teil Ihrer Präsentation einnehmen. Aber auch in qualitativer Hinsicht ist er von entscheidender Bedeutung. Legen Sie deshalb besonderen Wert auf die Ausgestaltung dieses Vortragsteils.

aa) Die Funktionen des Hauptteils

Der Hauptteil hat vor allem drei *Funktionen*. Erstens dient er dazu, das gestellte Thema möglichst breit zu diskutieren. Zweitens hat er die Aufgabe, die eigene Position klarzustellen. Damit ist drittens die Funktion verbunden, die Zuhörer von den eigenen Argumenten zu überzeugen und Gegeneinwände zu entkräften.

bb) Inhalt und Aufbau des Hauptteils

Was den *Inhalt* und den *Aufbau* angeht, so lässt sich zunächst sagen, dass verschiedene Aufbauvarianten für einen gelungenen Vortrag denkbar sind. Sie stehen zumeist in einem unmittelbaren Zusammenhang mit der jeweiligen Aufgabenstellung.

- Bei einer völlig freien Aufgabenstellung ist es sinnvoll, die verschiedenen Argumente zu suchen und möglichst nach thematischen Gruppen zusammenzufassen. Anschließend besteht dann die Möglichkeit, die thematisch zusammenhängenden Pro und Contra Argumente im Wechsel anzuhandeln oder die befürwortenden Argumente in Block 1 zu behandeln und in einem Block 2 die Gegenargumente anzuführen. Entscheidend ist dabei die Wirkung, die Sie erzielen möchten.
- Etwas anders gestaltet sich der Aufbau bei Aufgabenstellungen, bei denen eine Pflicht besteht, bestimmte Argumente oder Aspekte zu würdigen bzw. im Text vorgegebene Argumente zu berücksichtigen. Hier gilt, dass Sie die in der Aufgabenstellung bzw. im Text vorgefundenen Aspekte/Argumente auf jeden Fall aufgreifen müssen, weil Ihnen sonst entgegengehalten wird, Sie hätten die Aufgabenstellung nicht beachtet. Gleiches gilt für im Text angesprochene rechtliche Aspekte. Auch diese sollten Sie unbedingt in Ihre Darstellung einfließen lassen. Andernfalls könnte es Ihnen passieren, dass die Prüfer Ihren Vortrag für rechtlich unzureichend halten.
- Ist in der Aufgabenstellung eine bestimmte Reihenfolge zur Behandlung von Fragen/Themen/Argumenten vorgegeben, so sollten Sie diese Reihenfolge aufgreifen bzw. befolgen. Unbenommen ist es Ihnen aber, Kritik an der vorgegebenen Reihenfolge zu üben. In geringem Umfang sind auch Variationen der vorgegebenen Reihenfolge der Behandlung möglich und zulässig, aber seien Sie sich bewusst, dass die Aufgabenstellung mit Bedacht ausgewählt worden ist.

Grundsätzlich gilt für den Hauptteil des Vortrags: Setzen Sie „*Wegmarken*". Sagen Sie, wo Sie sich in Ihrem Vortrag gerade befinden und bestätigen Sie die eingangs gegebene Vorschau. Beispiel: „Ich habe jetzt Aspekt/Argument 1 abgehandelt. Ich komme nun zu Aspekt 2". Sprechen Sie so viele Aspekte der Aufgabenstellung und des Aufgabentextes wie möglich an. Lassen Sie zuviel weg, wird Ihnen dies negativ angerechnet werden.

Wichtig ist ferner, eine gezielte Steigerung im Vortrag erkennen zu lassen. Als günstig hat es sich erwiesen, zunächst mit dem schwächsten eigenen Argument zu beginnen und mit dem stärksten Argument für die favorisierte Position aufzuhören. Damit wird eine nachhaltige Wirkung beim Zuhörer erzielt.

Eine Schlüsselqualifikation für Juristen ist es, dass sie sachlich argumentieren können. Deshalb: Bleiben Sie bei der Diskussion fair. Machen Sie Gegenargumente nicht lächerlich, sondern versuchen Sie diese sachlich zu entkräften.

d) Der Schluss

Die Bedeutung eines gelungenen Schlusses des Vortrags ist gar nicht zu unterschätzen. Seine wesentlichen Funktionen sind, die zentralen Punkte der Argumentation nochmals kurz zusammenzufassen, das Ergebnis herauszuarbeiten und die Zuhörer mit einem guten Gefühl zu entlassen. Dies bedeutet für den Inhalt des Schlusses, dass Sie wirklich eine kurze Zusammenfassung der wesentlichen Punkte bringen und nicht mit neuen Argumenten am Ende aufwarten.[102] Ganz wichtig ist es, einen wirkungsvollen Schlusssatz oder sogar Schlussappell zu finden.

Der Schluss wird in der Regel durch Formulieren wie „Ich komme zum Schluss" oder „Ich fasse zusammen" eingeleitet. Wenn Sie solche Formulierungen verwenden, müssen Sie aber auch wirklich zum Schluss kommen und mit dem Schluss auch wirklich enden!

3. Die Präsentation

a) Die Begrüßung und die Anrede der Zuhörer

Sobald Ihnen das Wort erteilt ist, dürfen und müssen Sie mit Ihrem Vortrag beginnen. Die Eingangsfloskeln variieren, je nachdem, ob sie ausweislich der Aufgabenstellung den Vortrag aus der Perspektive einer fiktiven Rolle halten müssen oder ob Sie sich unmittelbar an die Prüfer wenden. Im zuletzt genannten Fall können Sie durchaus altmodisch mit der Anrede „Herr Vorsitzender, sehr geehrte Herren Professoren" beginnen.

b) Vorzüge und Nachteile des freien Vortrags

Immer wieder ist die Forderung zu hören, eine Rede solle möglichst frei vorgetragen werden.[103] Unbestritten ist, dass der freie Vortrag im Vergleich zur abgelesenen Rede eine ganze Reihe von Vorteilen hat. Die Rede wirkt frischer, lebendiger und spricht die Zuhörer direkt an. Weitere Vorteile sind, dass der Redner mit den Prüfern besser den direkten Augenkontakt halten kann und mehr Möglichkeiten zur Improvisation seines Vortrags besitzt. Gleichwohl hat der freie Vortrag auch einige Nachteile. Es ist nicht ausgeschlossen, dass der Redner einige Aspekte übersieht. Bei starker eigener Unsicherheit besteht die Gefahr, dass der Vortragende aus dem Vortragsfluss kommt. Dessen unbeschadet besteht Einigkeit, dass die freie Rede dem abgelesenen Vortrag in der Regel überlegen ist.

In der Examenssituation ist es indes unwahrscheinlich, dass ein Prüfling in der Lage ist, seinen Vortrag vollkommen schriftlich auszuarbeiten. Dagegen spricht schon die recht kurze Zeitspanne, die zur Vorbereitung des Vortrags zur Verfügung steht. Eher wird es sich um eine Mischung aus vorformulierten Teilen und bloßen Stichpunkten handeln. Gleichwohl sollten Sie nicht zuviel Zeit auf ausgefeilte Formulierungen verwenden – abgesehen allenfalls von der Einleitung und dem Schluss. Verwenden Sie stattdessen eindeutige Stichwörter und tragen Sie im Übrigen frei und dynamisch vor. Die Prüfer werden es Ihnen danken. Dies wird durch die bisherigen Erfahrungen mit den durchgeführten Vorträgen in den verschiedenen Workshops zu den Schlüsselqualifikationen und den Prüfungssimula-

---

[102] Dies passiert relativ häufig. Eine mögliche Ursache für dieses Nachschieben von Argumenten ist, dass dem Vortragenden noch etwas einfällt, das er bislang vergessen hatte. Besser ist es aber, diese neuen Gesichtspunkte für die Fragerunde aufzusparen.

[103] In der Wirklichkeit wird dieser Forderung kaum Rechnung getragen. Wer wissenschaftliche Kongresse besucht hat, der weiß, dass dort die Regel herrscht: „Es gilt das (vor)geschriebene Wort.".

tionen bestätigt. Allgemein stießen die Vorträge, die frei vorgetragen wurden, gegenüber den Präsentationen, die abgelesen wurden, auf mehr Zuspruch der Prüfer. Dies schlug sich auch in einer durchgehend besseren Bewertung nieder.

Im Übrigen besteht bei abgelesenen Vorträgen, zum Beispiel im Rahmen eines Seminarreferates, die Gefahr, dass Sie sich in Ihre Unterlagen versenken und Ihr Publikum aus den Augen verlieren.

Blendet man auf diese Weise seine Zuhörer aus, stellen sich häufig Verlegenheitsgesten ein, die den inneren Gemütszustand repräsentieren. So verschließt sich die Referentin im Bild oben buchstäblich den Mund und dokumentiert damit nach außen, dass sie von ihrem Vortrag nicht überzeugt ist. Tragen Sie lange Haare, empfiehlt es sich zudem, diese aus dem Gesicht zu stecken oder zu einem Pferdeschwanz zu binden. Ansonsten können diese das Gesicht verdecken oder müssen immer wieder nach hinten gestrichen werden. Diese oft automatisierten Gesten werden vom Publikum, das Zeit hat, sich auf Sie zu konzentrieren, wahrgenommen und als Ausdruck von Unsicherheit und fehlender Souveränität gedeutet.

c) Die Verwendung von Gedächtnisstützen

Studierende neigen häufig dazu, DIN A4-Zettel für ihren Vortrag zu verwenden. Diese Gewohnheit hat sich jedoch nicht als vorteilhaft erwiesen. DIN A4-Blätter verdecken den Körper und, wenn der Vortragende zum Ablesen neigt, auch noch das Gesicht. Dies erweckt den Eindruck, der Redner verstecke sich hinter seinen Papieren. DIN A4-Blätter sind zudem schlecht zu halten. Wie man auf dem Bild sehen kann, halten sich aufgeregte Rednerinnen und Redner häufig an ihren Blättern fest und suchen an ihnen Halt. Nicht selten treten dabei sogar die Fingerknöchel weiß hervor.

Demgegenüber weist der Einsatz von DIN A5-Karten wesentliche Vorzüge auf.

Bei DIN A5-Karten ist es eher möglich, eine Hand für die Gestik einzusetzen. Auch erlauben sie es dem Redner, sich durch seine Körperhaltung direkt an die Zuhörer zu wenden. Sinnvoll ist auch der Einsatz verschiedener Farben. Karten mit unterschiedlichen Farben helfen dem Vortragenden nämlich auch noch bei der Gliederung seines Vortrags. Beispiel: Gelb für die Einleitung, weiß für den Hauptteil, grün für den Schluss.

Ganz allgemein gilt, dass der Redner auf seine Notizen nur große Schrift verwenden sollte. Außerdem sollte er sich nur wenige Stichworte machen, da eine ausformulierte Rede dazu führt, dass der Redner sich in seinen Notizen versenkt und den notwendigen und vorteilhaften Blickkontakt zu den Prüfern nicht hält.

d) Sitzen oder Stehen?

In der Examenssituation werden Sie häufig keine Wahl haben, den Vortrag sitzend oder stehend abzuhalten. Wahrscheinlich wird der Vorsitzende der Prüfungskommission Sie entsprechend dirigieren und Ihnen etwa mit einer Geste oder anderweitig zu erkennen geben, Sie mögen sich doch bitte setzen. Sollte Ihnen eine Wahlmöglichkeit überlassen werden, wird es Ihnen sicher positiv angerechnet, dass Sie sich für einen Vortrag im Stehen entscheiden. Im Stehen überragt der Redner seine sitzenden Zuhörer. Sie oder er kann das Ausdrucksfeld seines Körpers differenzierter einsetzen und die Rede noch deutlicher durch seine Körpersprache unterstreichen.

Allerdings ist die freie Rede im Stehen nicht ganz leicht und sollte vorher geübt werden. Sie haben nichts, an dem Sie sich festhalten können und müssen nach einem sicheren Stand suchen. Rednerpulte, die Ihnen in der Examenssituation nicht zur Verfügung stehen, sind eigens dafür konzipiert, dem Redner die Vorteile eines Vortrags im Stehen zu sichern und ihn gleichzeitig zu stützen und auch teilweise zu verstecken. Aufgrund der Verschalung des Rednerpultes sehen die Zuhörer regelmäßig keine Beine des Redners und bekommen daher auch nicht mit, dass sich der Redner verkrampft, sich auf die Zehenspitzen stellt oder gar zittert. Der Rand des Rednerpultes lässt es sogar zu, dass sich der Redner dort mit einer Hand festhält und die andere zum Gestikulieren einsetzt. Weniger erfahrene Redner tendieren dazu, sich mit beiden Händen am vorderen Rand des Pultes festzuklammern und ringen damit förmlich um sicheren Halt vor ihrem Publikum. Achten Sie auf solche Verlegenheits- und Unsicherheitsreaktionen bei einem Vortrag, dem Sie als Zuhörer beiwohnen – auch daraus können Sie lernen.

e) Der Einsatz rhetorischer Mittel

Jeder Redner und damit auch jeder Prüfling in der Prüfung zu den Schlüsselqualifikationen sollte sich vor Augen halten, dass die Formel KISS gilt. KISS steht für „Keep it short and simple" – „Mach es kurz und einfach". Dies heißt, der Vortragende sollte eine klare und einfache Sprache verwenden. Begriffe sollten eindeutig sein und die Sätze kurz bis mittellang. Wichtig ist aber, dass der Vortragende ein gehobenes Sprachniveau verwendet; insbesondere sollten umgangssprachliche Wendungen vermieden werden.

- Das bedeutet nicht, dass der Vortrag mit Fremdworten gespickt ist oder sie in den Nominalstil verfallen sollten. Fremdworte erzeugen häufig lediglich eine Fassade der Wissenschaftlichkeit und Gelehrsamkeit, hinter der sich Unsicherheit in der Sache und fehlende argumentative Substanz verbergen können. Der „Könner" ist demgegenüber in der Lage, komplexe Probleme und Sachverhalte präzise aber einfach darzustellen. Der Nominalstil, bei dem in Satzkonstruktionen auf Vollverben zugunsten von Nominalkonstruktionen mit substantivierten Verben verzichtet wird,[104] erzeugt statische Sätze, denen jede Anschaulichkeit und Plastizität fehlt. Es kann geradezu unerträglich sein, einem Redner zuzuhören, der überwiegend mit dem Nominalstil arbeitet.[105] Mit dem Verbalstil können sie demgegenüber in unterschiedliche Stimmungen versetzen, Dynamik erzeugen und ihr Publikum fesseln.

Von Juristen, die vor Kolleginnen oder Kollegen sprechen, wird allerdings erwartet, dass sie die juristischen Fachtermini anzuwenden und gezielt einzusetzen verstehen.

Von erheblicher Bedeutung für einen gelungenen Vortrag sind zudem die Sprechgeschwindigkeit und die Betonung. Was das Tempo eines Vortrags angeht, so ist zu beachten, dass ein zu hohes Tempo dem Vortragenden häufig schadet. Eine zu schnelle Vortragsweise vermittelt den Prüfern, dass der Kandidat den Vortrag so schnell wie möglich hinter sich haben möchte. Zudem besteht die Gefahr, dass Informationen den Zuhörer nicht erreichen. Überdies beschleicht die Prüfer häufig das Gefühl, dass der Redner sich seine Zeit sehr schlecht eingeteilt hat.

Aber auch ein zu langsames Tempo des Vortrags ist nicht günstig. Eine schleppende Vortragsweise vermittelt den Prüfern den Eindruck, der Prüfling habe nicht genug Substanzielles mitzuteilen. Zudem besteht die Gefahr, dass die Zuhörer sich langweilen. Besonders gravierend ist aber die Gefahr, dass der Prüfling seine Zeit überschreitet. Zeitüberschreitung wirkt sich durchgehend negativ auf die Bewertung des Vortrags aus.

---

[104] Beispiel für *Nominalstil*: Die gelegentliche Hilfe einer Studierenden im höheren Semester führte bei Seppel Müller zum Bestehen des Examens. Beispiel für *Verbalstil*: Eine Studierende im höheren Semester half Seppel Müller bei der Examensvorbereitung. Deshalb bestand er das Examen.

[105] Nach den Erkenntnissen der *Soziolinguistik* ist der Gebrauch von Nominal- und Verbalstil geschlechtsspezifisch. Frauen tendieren danach eher zum Gebrauch des Verbalstils, Männer zum Nominalstil.

> *Fazit*: Der Vortragende sollte ein mittleres ruhiges Tempo wählen, das Sicherheit und Souveränität ausstrahlt und garantiert, dass die Zuhörer alle relevanten Informationen aufnehmen können.

Hinsichtlich der Betonung ist festzustellen, dass eine wechselnde Sprachmodulation hilfreich ist. Dies heißt, dass der Redner seinen Vortrag durchaus mit lauten und leisen Passagen variieren sollte und wenn es geeignet erscheint, ab und zu zwischen langsamer und schneller Vortragsweise wechselt. Allerdings sollte die Betonung auch nicht übertrieben werden. Es besteht sonst der Eindruck, der Vortragende neige zu einer übertriebenen oder theatralischen Sprechweise.

Von nicht zu unterschätzender Bedeutung ist auch die Gestik beim Vortrag. Hier gilt allgemein, dass sie nicht übertrieben werden sollte. Als vorteilhaft hat sich eine sparsame, wirkungsvoll unterstreichende Handgestik herausgestellt. Die Körperhaltung sollte ruhig, aber durchaus dynamisch sein. Dies bedeutet beim Sitzen, dass man eine entgegenkommende Sitzhaltung einnehmen, das heißt sich nach vorn beugen sollte. Wer eine stehende Redeweise bevorzugt, sollte eine straffe Körperhaltung einnehmen, aber sich gleichwohl nicht versteifen. Welche Körperhaltung eingenommen wird, hängt von den persönlichen Vorlieben ab; eine allgemeine Regel kann hier nicht aufgestellt werden. Wichtig ist aber, dass man sich nicht von den räumlichen Gegebenheiten beeindrucken lässt. Wer sich für seinen Vortrag nicht hinsetzen möchte, darf dies ruhig zum Ausdruck bringen. Die Justizprüfungsämter sind bemüht, den Wünschen der Prüflinge Rechnung zu tragen und sicherzustellen, dass in jedem Prüfungsraum ein Vortragspult oder ähnliches zur Verfügung gestellt wird.

Häufig unterschätzt, aber gleichwohl von Wichtigkeit ist, dass der Vortragende kontinuierlich auch Kontakt mit den Zuhörern (Prüfern) hält. Ganz besonders wichtig ist aber, dass der Redner sich nicht den Prüfungsstress anmerken lässt, sondern Freundlichkeit und Engagement ausstrahlt. Dies heißt: Trotz der anstrengenden Prüfungssituation sollte der Vortragende den Prüfern das Gefühl geben „Ich mache dies hier gern".

f) Zeiteinteilung

Wie schon erwähnt, stehen dem Prüfling je nach Ausgestaltung der Prüfungsordnung zwischen 5 bis 12 Minuten für seinen Vortrag zur Verfügung. Allgemein gilt, dass die vorgegebene Zeit ausgeschöpft, aber nicht überschritten werden sollte. Ein zu frühes Ende des Vortrags wirkt sich immer negativ aus, denn es besteht die Gefahr des Eindrucks, man habe nichts zu sagen. Dies gilt in besonderem Maße, je länger die eingeräumte Vortragszeit ist. In den Ländern, in denen der Prüfling 10 bzw. 12 Minuten für seinen Vortrag zur Verfügung hat, signalisiert ein Vortrag unter 6 bzw. unter 8 Minuten den Prüfern, dass der Prüfling mit dem Thema nichts anfangen konnte. Auch eine Zeitüberschreitung wirkt sich durchgehend negativ aus. Die Erfahrung mit den bisher gehaltenen Vorträgen zeigt, dass Vorträge, die die Zeitgrenze überschritten, ausnahmslos schlechter bewertet worden als Vorträge, die innerhalb der Zeit blieben. Dies bedeutet, dass man auch in zeitlicher Hinsicht seinen Vortrag sicher gestalten sollte.

Als Regelwerte für eine gelungene Gestaltung der Rede haben sich bei einer Redezeit von 10 Minuten folgende Werte heraus kristallisiert. Für die *Einleitung* sollten etwa 1 bis 2 Minuten eingeräumt werden. Das Schwergewicht des Vortrags muss beim *Hauptteil* liegen. Das heißt, dass der Hauptteil etwa 6 bis 8 Minuten umfassen sollte. Der *Schluss* hingegen muss kurz sein. Zwischen 1 bis maximal 2 Minuten darf er umfassen; als besonders wirkungsvoll hat sich ein Schluss erwiesen, der eine Minute nicht überschreitet. Bei einer Redezeit von fünf Minuten müssen die Werte selbstverständlich entsprechend angepasst werden; hier muss der Vortragende noch schneller auf den Punkt kommen.

Zeitüberschreitungen stellen sich vor allem leicht bei Aufgaben ein, die eine kurze Zusammenfassung des Aufgabentextes verlangen. Die Vorgabe „Kurze Zusammenfassung" bedeutet auch tatsächlich *kurz*. Wenn nur 6-8 Minuten für den Hauptteil als tragenden Teil zur Verfügung stehen, darf die Zusammenfassung maximal ⅓ der Zeit in Anspruch nehmen. Nach drei Minuten sollten Sie die Zusammenfassung auf jeden Fall abgeschlossen haben. Deshalb: Arbeiten Sie die entscheidenden Aspekte heraus, verdichten Sie den fremden Text![106] Am geschicktesten ist es, wenn Sie die Kernargumente mit eigenen Worten wiedergeben; wörtliche Zitate verbrauchen in der Regel zuviel Zeit.

Haben Sie noch Aspekte, die Sie bei überschlägiger Kalkulation Ihrer Vortragszeit voraussichtlich nicht in den 10 Minuten unterbringen können, so schadet dies nichts. Halten Sie diese Punkte in Reserve und bringen Sie sie mit etwas Geschick in der Fragerunde unter. Häufig ergibt sich diese Gelegenheit bei Einwänden der Prüfer. Wer hier dann noch einen neuen Aspekt einfließen lassen kann, überzeugt durch den Mehrwert seiner Argumentation, statt sich nur zu wiederholen, indem er auf das schon Gesagte verweist.

g) Fragen der Kleidung

Es ist eine Tatsache, dass die Kleidung ganz wesentlich den Eindruck prägt, den andere Menschen von Einem gewinnen. Nicht umsonst heißt es: "Kleider machen Leute". Besteht mithin ein Zusammenhang zwischen Kleidung und dem vermittelten Eindruck, so sollten die Prüflinge diesem Umstand Rechnung tragen und durch die Wahl ihrer Kleidung den Eindruck unterstreichen, dass sie kompetent und seriös auftreten können.

Es ist deshalb nicht verwunderlich, dass die Branche der Stilberater auf diesem Feld besonders erfolgreich geworden ist. Ohne den Vertretern dieser Branche Konkurrenz machen zu wollen, können gleichwohl einige Tipps gegeben werden. Die Kandidaten sollten sich allgemein vor Augen halten, dass die Kleidung auf den Anlass abgestimmt sein muss. Dies heißt beim Juristischen Staatsexamen, dass die Kleidung des Vortragenden den Zuhörern den Eindruck von Kompetenz und Seriosität vermitteln muss. Modische Extravaganzen und zu freizügige, sport-

---

[106] Solche Zusammenfassungen können Sie bei jeder Gelegenheit üben. Nehmen Sie sich einen beliebigen Text, etwa einen Leitartikel in einer Tageszeitung, und verdichten Sie ihn so, dass nach drei Minuten alles Wesentliche wiedergegeben worden ist. Die Länge eines Textes spielt dabei keine Rolle; auch große rechtswissenschaftliche Aufsätze von 30 und mehr Seiten können problemlos auf 4-5 Kernaussagen reduziert werden.

liche, ungepflegte oder unvollständige Kleidung sind deshalb fehl am Platz.[107] Daraus folgt im Einzelnen:

- **Persönlicher Stil**: Die Kleidung sollte Ihrem persönlichen Stil entsprechen. Wenn Sie noch nie, oder zuletzt bei Ihrer Konfirmation oder Firmung einen Anzug getragen haben, sollten Sie sich an dieses Kleidungsstück zunächst gewöhnen und sich einen Anzug aussuchen, der Ihnen gefällt und in dem Sie sich wohl fühlen. Nicht ohne Grund haben Anzugjacken Schulterpolster. Diese stützen, geben Halt und Form und verhelfen Ihnen zu einem sicheren Auftreten.
- **Outfitfehler vermeiden**: Herren sollten auch auf den Hemdkragen oder den Krawattenknoten achten. Button-down Kragen werden als zu sportlich empfunden. Der Krawattenknoten sollte frisch gebunden sein. Achten Sie auf die passenden Strümpfe. Der Herr trägt farblich auf den Anzug und die Schuhe abgestimmte (zum Beispiel schwarze oder graue) Strümpfe, die auch beim Sitzen, wenn das Hosenbein hoch rutscht, keine Haut erkennen lassen (das heißt am besten Kniestrümpfe). Die Schuhe müssen frisch geputzt sein.
- **Bei schlechtem Wetter**: Anzug/Mantel/Schirm. Die Garderobe muss den Witterungsverhältnissen angepasst sein. Auch wenn Ihnen an einem milden Wintertag das Jackett genügt, gehört ein Mantel ganz einfach zur vollständigen Garderobe. Regnet es oder zeichnet sich Regen ab, sollten Sie einen adäquaten Schirm dabei haben. Anzüge und Kostüme vertragen Nässe nur schlecht.
- **Für die Damen gilt: Hosenanzug/Kostüm/Mantel/Schirm**. Damen haben in der Auswahl der Garderobe zwar mehr Freiheit als Männer, die einen Anzug bzw. eine Kombination tragen können und müssen, sie können deshalb aber auch mehr falsch machen. Achten Sie deshalb auf gediegene Eleganz zum Beispiel bei der Farbkombination von Garderobe und Nagellack und auf die Dosierung bei Schminke und Absatzhöhe.
- **Haarschnitt**: Auch bei der Frisur können Fehler gemacht werden. Ein Kurzhaarschnitt sollte sauber sein, zum Beispiel über den Ohren oder im Nacken – am besten, Sie gehen eine Woche vor der Prüfung zum Frisör. Gehen Sie sparsam mit Gel um, so dass Ihre Haare zumindest nicht nass erscheinen. LanghaarträgerInnen sollten die Haare aus dem Gesicht nehmen.

Allgemein gilt: Orientieren Sie sich am Dresscode Ihres zukünftigen Berufsstandes – dann werden Sie in diesem Punkt richtig liegen.

h) Das Verhalten der Zuhörer (Prüfer) aus Sicht des Vortragenden

Die bisherigen Workshops zu den Schlüsselqualifikationen haben die Erfahrung erbracht, dass Vortragende unbewusst Schlüsse aus dem Verhalten der Zuhörer ziehen. Diese Schlussfolgerungen sind häufig Fehlschlüsse.

Als allgemeine Empfehlung gilt, dass der Vortragende den Zuhörern grundsätzlich immer nur das Beste unterstellen sollte („Die Zuhörer sind mir wohl geson-

---

[107] Vgl. hierzu auch die Hinweise von *Franck*, Rhetorik für Wissenschaftler, S. 56 f.

nen, sie sind interessiert, etc.").[108] Vor allem sollten die Vortragenden aus dem Verhalten der Prüfer keine voreiligen Schlüsse für die Qualität ihres Vortrags ziehen. Solche voreiligen Schlüsse sind etwa

- „grimmiger Blick" = der Vortrag ist schlecht;
- der Prüfer schaut aus dem Fenster = mein Vortrag ist langweilig;
- der Prüfer nickt = mein Vortrag ist gut.

Die Vortragenden sollten bei diesen „Publikums"-reaktionen bedenken, dass die Prüfer zur Neutralität und zur Gleichbehandlung aller Prüflinge verpflichtet sind und deshalb häufig ein eher neutrales Zuhörerverhalten zeigen (müssen). Ergo: Mimik und Gestik der Prüfer sollten weder positiv noch negativ gedeutet werden; am besten ist es, sie vollkommen zu ignorieren.

4. Probleme beim Vortrag und Reaktionsmöglichkeiten des Redners

Bei jedem Vortrag können Schwierigkeiten auftreten. Selbst geübten Rednern passieren Missgeschicke. Entscheidend ist, dass man sich davon nicht irritieren lässt. Folgende typische Probleme können auftreten.

a) Versprecher und Stockungen

Fast jedem Redner unterlaufen Versprecher. Sie sind normal und kein Drama. Der Vortragende sollte einfach weiter machen und seinen Versprechern keine größere Bedeutung zumessen. Auch Stockungen sind kein großes Problem. Sie sind zwar unschön, aber nicht ungewöhnlich. Die richtige Reaktion ist, ruhig zu bleiben und die Pause als gewollte Unterbrechung zu „verkaufen". Stockungen können geschickt überwunden werden, indem der letzte Punkt nochmals formuliert wird, so z.B. durch Formulierung wie „anders gewendet" oder „mit anderen Worten".

b) Aussetzer

Eine wirkliche Hürde können echte Aussetzer sein, der sog. *„Blackout"*. Aussetzer sind jedoch nur dann gefährlich, wenn man sich von ihnen entmutigen lässt und aufgibt. Gedankenschnell reagiert, wer den letzten Satz wiederholt oder gleich zum nächsten Punkt seiner Argumentation oder Gliederung springt. Auch kann eine unwillkommene Pause mit Geschick als bewusst eingesetztes rhetorisches Mittel „verkauft" werden durch Wendungen wie: „Lassen Sie mich an dieser Stelle kurz innehalten". Auf keinen Fall sollte der Redner den eigenen Fehler selbst kommentieren, so etwa durch Seufzen oder gar verbale Bemerkungen wie „jetzt bin ich aus dem Konzept".[109] Derartige Selbstkritik geschieht – leider – viel zu oft.

---

[108] Bedenken Sie: Zu einer aufmerksamen Haltung sind die Prüfer schon kraft geltenden Prüfungsrechts verpflichtet.

[109] Ganz besonders schlimm ist es, wenn – wie die Verfasser es schon erlebt haben – ein Prüfling in dieser Situation zu weinen anfängt. Dies ist in einer Prüfung zwar menschlich verständlich, aber leider völlig unprofessionell. Allerdings können Tränen durchaus

Sie ist jedoch komplett überflüssig, denn sie verbessert nichts und kostet lediglich Zeit. Außerdem kann sie dazu führen, dass man den Vortrag abbricht. Wie schon bei den Stockungen gilt aber: Auf jeden Fall weitermachen!

c) Störungen von außen

Viele Vortragende lassen sich auch durch Störungen von außen aus ihrem Konzept bringen. Geübte Redner rechnen indes prinzipiell damit, dass Unvorhergesehenes von außen auftreten kann. Deshalb gilt grundsätzlich: Unbeeindruckt bleiben und dies den Zuhörern auch zeigen.

Nachfolgend sollten einige typische Probleme angesprochen werden:

- Nicht selten passiert es, dass die eigenen Vortragskarten durch Ungeschick herunterfallen. In dieser Situation sollte der Redner improvisieren, auf keinen Fall jedoch die Karten aufheben, vor allem dann nicht, wenn es sich um schon gehaltene Teile der Rede handelt.
- Fallen andere Sachen um oder herunter, so darf der Redner kein Erschrecken zeigen, sondern sollte seinen Vortrag ungerührt fortsetzen.
- Eine weitere typische Ablenkung und Schwierigkeit ist Lärm, der von außen eintritt. Die sinnvolle Reaktion ist hier, selbst lauter zu sprechen; sollte es jedoch nicht möglich sein, durch das Heben der eigenen Stimme den Außenlärm zu übertrumpfen, sollte man durch eine geschickte und schlagfertige Bemerkung um Unterbrechung bitten und den Vorsitzenden der Prüfungskommission auffordern, die Lärmquelle abzustellen („Herr Vorsitzender, darf ich sie angesichts des Lärms um eine kurze Unterbrechung bitten"). Die in vielen Anleitungen empfohlene Methode, flapsige Sprüche zum Überspielen der Situation einzuflechten,[110] ist in einer juristischen Staatsprüfung allerdings eine zweischneidige Sache.

III. Die Fragerunde

Ist der Vortrag bewältigt, so schließt sich nach verschiedenen Prüfungsordnungen an den Vortrag sogleich eine Fragerunde an. Die Fragerunde dauert nach den verschiedenen Prüfungsordnungen in der Regel etwa 5 Minuten und dient dazu, die Argumentation des Prüflings auf ihre Überzeugungskraft zu überprüfen. Der Vortragende sollte sich deshalb vor der Fragerunde erneut selbst bestätigen und auf die oben schon erprobten Formulierungen wie „Ich schaffe das" zurückgreifen. Und auch hier gilt: Den Fragestellern nur das Beste unterstellen! Es geht nicht

---

ein rhetorisches Mittel sein (deshalb auch die bekannte Wendung „auf die Tränendrüse drücken"). Aber in einer juristischen Staatsprüfung dürfte hierzu kaum Gelegenheit bestehen.

[110] Tipps für solche Reaktionen auf Lärm, z.B. durch Krankenwagensirene, etwa aus dem Buch von *Kushner,* Erfolgreich präsentieren für Dummies, S. 382: „Und dabei habe ich Ihnen extra gesagt, mich erst in einer Stunde abzuholen".

darum, Sie „fertigzumachen", sondern ein Problem sachlich miteinander zu diskutieren.

In der Fragerunde gilt es deshalb, sich selbst und seinen Standpunkt gegenüber Einwänden zu behaupten. Diese Behauptung geschieht am besten, indem man selbst immer höflich und konziliant bleibt. Ist die von dem Prüfer gestellte Frage unklar, sollte man sofort seinerseits höflich nachfragen. Bewährt haben sich Formeln wie „Wenn ich Sie recht verstanden habe, geht ihr Einwand dahin, dass ..." Der Prüfer hat dann Gelegenheit, diese Interpretation der Frage zu korrigieren oder zu bestätigen.

Unangemessene Reaktionen auf Fragen oder Einwände der Prüfer sind hingegen unverhohlene Aggressivität oder beständiges Ausweichen. Solche Verhaltensweisen sind in der heutigen Diskussionskultur, vor allem in politischen Talkshows zwar sehr verbreitet, aber dennoch nicht als vorbildlich zu betrachten. Sie werden von den Prüfern auch nicht geschätzt. Prüfer erkennen insbesondere sehr schnell, wenn Kandidaten ins Schwimmen geraten. Umso intensiver werden dann die Nachfragen sein.

Schlecht beraten ist auch, wer bei Gegenargumenten sofort „umfällt". Nehmen Sie sich Zeit, den vorgebrachten Einwand zu überdenken, und antworten Sie dann in aller Ruhe. Ist das Argument begründet, können Sie dies durchaus aufgreifen, etwa durch die Formulierung „Dies ist ein bedenkenswerter Aspekt. Hierzu möchte ich unter Modifizierung meiner bisherigen Position antworten ..." Halten Sie den Einwand für nicht überzeugend, so dürfen Sie dies ruhig zum Ausdruck bringen: „Ihr Argument enthält durchaus Überlegenswertes. Aber letzten Ende meine ich doch, dass ..."

Fazit: Die Fragerunde wird erfolgreich bewältigt, wenn der eigene Standpunkt bestimmt vertreten und zugleich auf berechtigte Kritik konstruktiv reagiert wird.

IV. Die Bewertung des Vortrags und der Fragerunde

Die Justizprüfungsämter haben für die Bewertung des mündlichen Vortrags verschiedene Bewertungshilfen erarbeitet, die an die Prüfer in dem jeweiligen Bundesland ausgegeben werden.[111] Obwohl sie in Details voneinander abweichen, lassen sich diesen Bewertungshilfen jedoch allgemeine Bewertungsgrundsätze entnehmen.

So wird übereinstimmend als gravierender Fehler beim Vortrag betrachtet, wenn der Vortrag keinen klaren Aufbau erkennen lässt. Ebenso wird es dem Redner negativ angelastet, wenn kein eigener Standpunkt vorgetragen worden ist. Abschläge bei der Bewertung gibt es auch, wenn die Ausführungen keinen oder nur einen geringen Bezug zum gestellten Thema haben oder der Kandidat „ins Schwafeln" verfallen ist. Keine gute Benotung erhält des Weiteren, wer wider-

---

[111] Vgl. das im Anhang abgedruckte Beispiel aus Sachsen.

sprüchlich argumentiert oder die Zeit überzieht. Als besonders katastrophal wirkt sich aus, wenn der Prüfling nach Versprechern oder Pausen den Vortrag ganz abbricht. Deshalb: Selbst bei erheblichen Problemen ist es immer noch besser, den Vortrag durchzuhalten als aufzugeben.

Auch in der Fragerunde können dem Prüfling Fehler unterlaufen, die eine gute Note zunichte machen. Negativ wird es den Kandidaten beispielsweise angelastet, wenn sie unsicher werden und jeglicher Prüferkritik sofort zustimmen. Ebenso schädlich ist es, wenn Vortragende ihre Haltung nicht bewahren und aggressiv werden. Schlecht ist es auch, auf Fragen ironisch zu reagieren bzw. den Fragesteller lächerlich machen zu wollen. Diese Verhaltensweisen treten bei Prüflingen eher selten auf, aber sie kommen gelegentlich vor. Häufiger ist allerdings zu registrieren, dass Prüflinge aufgrund ihrer Unsicherheit auf Fragen ausweichend reagieren und „um den heißen Brei herumreden", weil sie nicht wissen, was sie antworten sollen. Es ist deshalb auch nicht überraschend, dass die Fragerunde bei allen Prüflingen als der unangenehmste Teil der gesamten Schlüsselqualifikationsprüfung gilt.

V. Verhalten im weiteren Verlauf der mündlichen Prüfung

Ist der Vortrag gehalten und die Fragerunde überstanden, dann sollte der Prüfling diesen Teil des Examens als Prüfungsleistung ruhen lassen. Vor allem sollte er sich nicht weiter gedanklich mit dem Thema beschäftigen und schon gar nicht darüber grübeln, ob der Vortrag gut oder schlecht war. Merke: „Einen toten Hund schlägt niemand mehr." Vielmehr ist es hilfreich, wenn der Prüfling sofort gedanklich auf die nächste Prüfungsleistung umschaltet. Dies hilft, die geistige Spannung zu bewahren, die in einer mündlichen Examensprüfung von großer Bedeutung ist. Nach einer kurzen Erholungsphase sollte die Konzentration auf den nächsten Prüfungsteil ausgerichtet werden.

VI. Hinweise für Lehrende

Die universitären Veranstaltungen, mit denen die Studierenden einen Schein in den „Schlüsselqualifikationen" erwerben können (z.B. an der Universität Leipzig: „Einführung in die Mediation" oder „Praxis der Strafverteidigung") haben in der Regel wenig oder nichts mit dem oben geschilderten Anforderungsprofil der Prüfung von Schlüsselqualifikationen im Ersten Juristischen Staatsexamen gemeinsam. Denn, wie bereits oben dargestellt, handelt es sich bei den Fähigkeiten, die von einem Mediator erwartet werden, nicht um Schlüsselqualifikationen im eigentlichen Sinne, sondern in erster Linie um Fachkenntnis, deren Vermittlung in den Veranstaltungen zur Mediation (neben Fragen des Anwendungsbereichs, der rechtlichen Ausgestaltung und des Ablaufs des Mediationsverfahrens) im Vordergrund steht. Auch bei der „Praxis der Strafverteidigung" werden nur am Rande Aspekte berücksichtigt, die dem Spektrum der Schlüsselqualifikationen zugeordnet werden können, wie etwa der Umgang mit dem Mandanten oder der Aufbau des Plädoyers.

Deshalb empfiehlt es sich, für Examenskandidaten Veranstaltungen anzubieten, die speziell auf die Vermittlung und Einübung der im mündlichen Staatsexamen erwarteten Vortragstechnik ausgerichtet sind. An der Juristenfakultät der Universität Leipzig werden regelmäßig und mit hohen Besucherzahlen „Workshops" zu den juristischen Schlüsselqualifikationen angeboten. Derartige Veranstaltungen eignen sich besonders gut für die Methode des *„Team-Teaching"*, bei der Lehrende der verschiedenen Fachgruppen gemeinsam die Veranstaltung durchführen. In derartigen Veranstaltungen können z.B. rechtspolitische Aufgabenstellungen aus komplementären Fachperspektiven beleuchtet werden (z. B. der in § 7 dargestellte „Folterfall" aus öffentlich-rechtlicher und strafrechtlicher Perspektive).

Hinsichtlich des Aufbaus der Veranstaltung bietet sich eine Einteilung in vier ungleich gewichtete Blöcke an. Im ersten Block, der 2 Unterrichtseinheiten à 90 Minuten beansprucht, sollte den Studierenden im Wege des *Frontalunterrichts* dargestellt werden, was sie im Staatsexamen im Bereich der Schlüsselqualifikationen erwartet, welche Aufgabenstellungen sie dort zu bearbeiten haben, welche Qualitätsmerkmale ein gelungener Vortrag aufweist und welche Bewertungskriterien die Prüfer bei der Leistungsbeurteilung zugrunde legen. Im zweiten Block, für den sie ebenfalls 2 Einheiten à 90 Minuten ansetzen können, steht die Veranschaulichung der Vortragstechnik im Vordergrund. Die hier am besten geeignete Technik zur Erschließung des Unterrichtsinhalts (wie halte ich einen gelungenen Vortrag, wie verhalte ich mich in der Fragerunde usw.), ist die der *Inszenierung* durch den Lehrenden. Deshalb sollte entweder die Hochschullehrerin/der Hochschullehrer selbst, eine Assistentin oder ein Assistent oder ein bereits in der Vortragstechnik erfahrener Studierender einen Vortrag halten und im Anschluss, evtl. in einem Spiel mit vertauschten Rollen, auch demonstrieren, wie man sich in der Fragerunde verhält.

- Obwohl es sich beim Vormachen/Vorführen durch den Hochschullehrer um das natürlichste methodische Gestaltungsmittel des Unterrichts handelt (die Studierenden sollen etwas Neues lernen, z.B. die Darstellung im Gutachtenstil, die Gliederung einer Klausurlösung oder eben Vortragstechnik – und der Hochschullehrer macht es vor), wird es in der universitären Juristenausbildung so gut wie nie eingesetzt. Insbesondere bei der Vermittlung von Schlüsselqualifikationen ist es aber wichtig, die Lerninhalte nicht nur abstrakt zu thematisieren, sondern auch sachkundig zu veranschaulichen. Deshalb sollten Hochschullehrer auch gegenüber diesem Unterrichtsmittel aufgeschlossen sein und sich überwinden, auch hier ihre Vorbildfunktion zu übernehmen.

Aufwendig aber besonders ertragreich ist es, wenn Sie den Vortrag auf Video aufzeichnen lassen (Bild- und Tonaufzeichnung). Denn auf der Grundlage dieser Aufzeichnung können sie im Anschluss mit dem Unterrichtsmittel „*Zerlegen*" (Analysieren) und „*Zusammensetzen*" (Synthetisieren) arbeiten. Beim Zerlegen lassen Sie die Studierenden die Struktur des Vortrages erarbeiten und anhand der Video-Aufzeichnung analysieren. Wo und mit welchen Worten wurden „Wegmarken" gesetzt? Welche rhetorischen Figuren wurden gegebenenfalls eingesetzt? Wie war es um die „Standhaftigkeit" in der Fragerunde bestellt? Beim Zusammensetzen können die Studierenden sodann den gesamten Aufbau des Vortrags rekonstruieren und aus den einzelnen Elementen wieder ein Gesamtbild erstellen.

- Die Videoanalyse ist, wie in dem Beitrag von *Gräfin von Schlieffen* und *Michaelis*[112] auch nach unseren praktischen Erfahrungen zutreffend hervorgehoben wird, zudem für die „Stillehre" von kaum zu überschätzender Bedeutung. Viele Studierende erleben anhand der Videoaufzeichnung zum ersten Mal, wie sie sich vor Zuhörern und Zuschauern präsentieren, wie sie sich ausdrücken oder wie ihr Tonfall und ihr Sprachtempo auf andere wirken.

Im dritten Block, für den bei 15 Semesterwochen 10 Unterrichtseinheiten à 90 Minuten zur Verfügung stehen, sollten alle Studierenden Gelegenheit erhalten, selbst zu einem Thema unter Examensbedingungen (das heißt z. B. im Freistaat Sachsen mit einstündiger Vorbereitungszeit) vorzutragen. Sofern die Teilnehmer einverstanden sind, bietet sich auch hier die Videoaufzeichnung an. Nach dem Vortrag können die anderen Teilnehmer über ein so genanntes *Teilnehmerfeedback* einbezogen werden, das bereits die Bewertungskriterien des Prüfungsbogens aufgreift und an den Regeln der konstruktiven Kritik orientiert ist.

- Auch das Feedback will gelernt sein. Die Kritik muss auf die Sache und nicht auf die Person bezogen werden. An eine Kritik sollten sich Verbesserungsvorschläge anschließen, die in der ersten Person Singular formuliert sind („Ich würde..."; „Ich hätte es besser gefunden, wenn Du/Sie"). Von dem Kritisierten sollte nicht in der dritten Person gesprochen werden, sondern man spricht ihn persönlich an (Du/Sie hast/haben zu lange Sätze gemacht, so dass ich nicht folgen konnte") – schließlich handelt es sich bei dem Teilnehmerfeedback um eine persönliche Einschätzung des jeweiligen Teilnehmers und keine allgemeinverbindliche Bewertung mit Notengebung. Auch das Feedback sollte deshalb zumindest einmal vom Lehrenden vorgemacht worden sein. Jeder Teilnehmer sollte einmal mit Feedback und mit einem Vortrag an der Reihe sein und es sich nicht aussuchen können dürfen, bei wem er/sie das Feedback hält.

An das in der Regel weder vom Lehrenden, noch von den anderen Teilnehmern kommentierte Feedback schließt sich die Analyse der Videoaufzeichnung an. Den Vortragenden sollte Gelegenheit gegeben werden, ihre Technik zu verbessern. War zum Beispiel eine Gliederung des Vortrags nicht erkennbar und wird dies bei der Videoanalyse herausgearbeitet, zeigt der Lehrende auf, wie die entsprechenden Formulierungen aussehen könnten. Danach erhält der Vortragende nochmals Gelegenheit, die entscheidenden Sätze selbst zu formulieren. Auch der Weg von der Tür zum Platz, an dem der Vortrag gehalten werden soll, das adäquate Tempo und die Körperhaltung können auf diese Weise geübt werden.

- Abgesehen von den handwerklichen Aspekten, die jeder Studierende in der Veranstaltung in recht kurzer Zeit erlernen kann, werden Sie feststellen, dass einige Teilnehmer die Anregungen sofort aufgreifen können und sofort Sicherheit und Präsenz ausstrahlen. Andere Teilnehmer werden erhebliche

---

[112] *Gräfin von Schlieffen/Michaelis*, JA 2003, S. 723.

Schwierigkeiten haben – man sieht es ihnen förmlich an, dass sie den Vortrag so schnell wie es geht hinter sich bekommen wollen. Nicht selten löst die Veranstaltung bei den Teilnehmern Gefühlswallungen aus, vor allem, wenn man versucht, auf das nichtverbale Ausdrucksverhalten, das heißt zum Beispiel die Körpersprache oder die Mimik, einzuwirken (z.B. kein Gang mit gesenktem Blick, kein ängstliches Vermeiden des Blickkontaktes bei der Fragerunde, kein Verkrampfen der Hand um das Konzeptpapier usw.). Lehrende und Teilnehmer benötigen hier erhebliches Fingerspitzengefühl und man muss ein Gespür für die Grenzen derartiger Verbesserungsversuche, die faktische Eingriffe in die Persönlichkeit darstellen, entwickeln.

Die letzte Sitzung à 90 Minuten dient der *Ergebnissicherung*. Die Teilnehmer fassen zusammen, worauf es bei einem gelungenen Vortrag ankommt, was sie in der Veranstaltung gelernt haben und reflektieren insgesamt über die Veranstaltung.

§ 6 Einzelne Vorträge – Aufgabenstellungen, Präsentation und Fragerunde

In diesem Teil haben wir Ihnen einige Aufgabestellungen aus unterschiedlichen Rechtsgebieten und eine vertextete Version der Vorträge zusammengestellt, die in unseren Workshops zu den Schlüsselqualifikationen (nach einstündiger Vorbereitungszeit, frei bzw. nur anhand einiger Notizen auf Karteikarten oder Papier) gehalten und auf Video aufgezeichnet wurden. Die Vertextung versteht sich als möglichst authentische Wiedergabe des gesprochenen Wortes und reproduziert deshalb auch unvollständig gebliebene Sätze, grammatikalische Fehler, Umgangssprache, Stockungen und Pausen.

Den jeweiligen Vorträgen schließt sich eine Bewertung an, bei der wir auf eine Konkretisierung im Hinblick auf eine bestimmte Note bewusst verzichtet haben. Denn im Unterschied zu der Situation im Staatsexamen beleuchtet man den niedergeschriebenen Vortragstext sehr viel kritischer, als den mündlichen gehaltenen Vortrag. Nur in der vertexteten Version ist es möglich, die entscheidenden Passagen mehrmals zu lesen und – mit Blick auf die rhetorische Gestaltung, Struktur und Aufbau sowie die Qualität der Argumente – regelrecht zu analysieren und zu sezieren. Bleibt der Vortrag einmalig und mündlich ist dies – trotz der Bewertungshilfen – nur bedingt möglich und man wird im Fall eines positiven Gesamteindrucks auch eher über die eine oder andere Schwäche hinwegsehen.

Aufschlussreich sind auch die von den Prüfern (das heißt den Autoren dieses Buches!) gestellten Fragen. Die vertextete Form zeigt bisweilen deutlich, dass eine aus Prüfersicht eindeutig und präzise gestellte Frage tatsächlich eher inhaltlich unklar und sprachlich zweideutig gestellt wurde. Diese Defizite bei der Prüferfrage mussten sich natürlich auch in den Antworten bemerkbar machen.

Die nachfolgenden Vorträge vermitteln Ihnen einen Eindruck von dem, was im Bereich der Schlüsselqualifikationen geleistet werden kann. Zur besseren Veranschaulichung haben wir einen aus unserer Sicht herausragenden Vortrag (zu der Aufgabenstellung „Anti-Raucher-Gesetz") vorangestellt. Die Vorträge zu den anderen Aufgabenstellungen sind etwas bzw. deutlich schwächer ausgefallen – in keinem Fall wäre jedoch eine Bewertung unter der Bestehensgrenze in Betracht gekommen.

Sollten Sie sich anhand dieses Buches auf Ihren Vortrag im Examen vorbereiten, empfehlen wir, die Aufgabenstellungen zum Üben zu benutzen, den eigenen Vortrag zumindest akustisch aufzuzeichnen und erst danach den Vortrag „unserer" Kandidaten und dessen Bewertung zu lesen.

I. Aufgabe im Öffentlichen Recht „Das Anti-Raucher-Gesetz"

1. Sachverhalt

Meldungen in verschiedenen Zeitungen war vor einigen Wochen zu entnehmen, dass der Bundestagsabgeordnete B einen Gruppenantrag für ein „Anti-Raucher-Gesetz"[113] plant. Er habe einen Antrag vorbereitet, nach dem das Rauchen in öffentlichen Räumen – neben Behörden mit Publikumsverkehr auch Gaststätten und Bahnen – gesetzlich uneingeschränkt verboten werden soll. Seine Initiative werde angeblich schon von mehr als 50 Abgeordneten seiner eigenen Fraktion unterstützt. Der Antrag sei aber als Gruppenantrag aller Fraktionen geplant. Durch das Anti-Raucher-Gesetz sollen die Rechte und Interessen der Nichtraucher, vor allem bei einem Gaststättenbesuch, besser als bisher geschützt werden.

Der Vorstoß des B hat große Resonanz erfahren und eine breite Diskussion ausgelöst. Die Bundesregierung lehnt die Initiative ab, vor allem mit Blick auf Gaststätten. Sie setzt dagegen bislang nicht auf ein – zudem sanktioniertes – Verbot des Rauchens, sondern auf eine freiwillige Vereinbarung mit dem Gaststättengewerbe. Nach dieser Vereinbarung sollen bis Ende 2008 in 90 Prozent der Gaststätten 50 Prozent der Plätze rauchfrei sein.

Verbraucherschützer kritisieren diese Vereinbarung indes als unzureichend. Sie verweisen auf die zu beobachtende schleppende Umsetzung im Gaststättengewerbe sowie auf den Einfluss der Tabakindustrie. Außerdem halten sie diese Regelung für wenig effektiv, weil in vielen Gaststätten eine strikte räumliche Trennung der Raucher- und Nichtraucherbereiche gar nicht möglich sei.

Unterstützung erhält die Haltung der Bundesregierung dagegen von Vertretern der Gastronomie. Ein striktes Rauchverbot führe zu Umsatzeinbußen und werde viele Gaststättenbetriebe in ihrer Existenz gefährden.

Negativ äußern sich auch mehrere Bundestagsabgeordnete. Auch Raucher hätten Rechte; Rauchen sei schließlich auch eine Form der Grundrechtsausübung. Kein Nichtraucher werde gezwungen, eine Gaststätte zu besuchen, in der das Rauchen erlaubt sei. Fraglich sei außerdem, ob der Bund zum Erlass eines solchen Gesetzes überhaupt eine Gesetzgebungskompetenz besitze. Im Übrigen sei die Regelung auch überflüssig, denn der Markt werde diese Frage von selbst regeln.

Von Medizinern wird dagegen der Vorschlag für ein Anti-Raucher-Gesetz gelobt. Auch das Passivrauchen sei erwiesenermaßen stark gesundheitsgefährdend. Die Gesundheit der Nichtraucher könne im Ergebnis nur durch ein Rauchverbot in der Öffentlichkeit effektiv geschützt werden. Die Erfahrungen mit in anderen Staaten der EG eingeführten Anti-Raucher-Regelungen, beispielsweise in Spanien (totales Rauchverbot in der Öffentlichkeit), seien in dieser Hinsicht durchweg positiv.

---

[113] Der Vortrag wurde vor dem Inkrafttreten der einschlägigen Landesgesetze gehalten.

2. Aufgabenstellung

Positionieren Sie sich zu den konkurrierenden Vorschlägen zum Nichtraucherschutz, insbesondere unter Berücksichtigung möglicher kompetentieller Probleme und grundrechtlicher Aspekte des Anti-Raucher-Gesetzes sowie unter Einbeziehung der aus Sicht des Staates mit Selbstverpflichtungen der Wirtschaft in der Vergangenheit gemachten Erfahrungen, namentlich im Bereich des Umweltschutzes.

3. Vortrag der Kandidatin

Sehr geehrte Damen und Herren,
Ich begrüße Sie ganz herzlich zu meinem Vortrag über das Thema das Anti-Raucher-Gesetz. Ich möchte Ihnen zunächst einen kurzen Überblick über meine Gliederung geben. Ich beginne damit, ihnen die im Text vertretene Auffassung vorzustellen. Zu dieser werde ich mich sodann positionieren. Sodann werde ich einen Vergleich zu dem Anti-Raucher-Gesetz in Italien vornehmen. Abschließend möchte ich mit einem Resümee enden.

Die Vorstellungen zum Nichtraucherschutz und zu einem Anti-Raucher-Gesetz divergieren sehr. Aus dem Text lassen sich drei wesentliche Positionen ableiten. Zunächst ist da der SPD-Bundestagsabgeordnete, der einen Gruppenantrag, ein Anti-Raucher-Gesetz, plant. Danach soll das Rauchen in allen öffentlichen Räumen uneingeschränkt verboten werden. Dieser von ihm ausgearbeitete Antrag wird bereits von 50 weiteren Mitgliedern seiner Partei unterstützt – er soll aber als Gruppenantrag aller Fraktionen eingebracht werden. Ziel des Antrags ist es, die Rechte und Interessen der Nichtraucher besser zu schützen.

Die Bundesregierung möchte jedoch eine freiwillige Vereinbarung mit dem Gaststättengewerbe erreichen. Hiernach sollen bis 2008 in 90% der Gaststätten die Hälfte der Restaurantplätze raucherfrei sein.

Die Gruppe der Verbraucherschützer positioniert sich nicht eindeutig. Sie beklagt, dass die Vereinbarung der Bundesregierung unzureichend sei. Der Grund hierfür sei die schleppende Umsetzung im Gaststättengewerbe und der große Einfluss der Tabakindustrie. Des Weiteren sagen die, dass eine strikte Trennung von Raucher-Räumen und Nichtraucher-Räumen nicht möglich sei.

Ja - nun möchte ich mich zu diesen drei Vorstellungen positionieren. Zur Meinung des SPD Bundestagsabgeordneten lässt sich sagen, dass hierbei fraglich ist, ob sich ein solches uneingeschränktes Rauchverbot mit den Rechten der Raucher vereinbaren lässt. Denn schließlich lassen sich die Rechte der Raucher auf Art. 1 ... *mmhh, ähhh* ... auf Art. 2 Abs. 1 Grundgesetz stützen, wonach jeder das Recht auf freie Entfaltung seiner Persönlichkeit besitzt. Fraglich ist, ob unter die freie Entfaltung der Persönlichkeit auch die Freiheit zu rauchen fällt. Hiergegen spricht, dass die Interessen der Nichtraucher am effektivsten durch ein Verbot geschützt werden würden. Denn die Gefahr des Passivrauchens wird in diesem Fall nicht mehr bestehen. Auch für die Nichtraucher kann auf Art. 2 des Grundgesetzes zurückgegriffen werden, denn schließlich haben auch die Nichtraucher ein Recht auf freie Entfaltung ihrer Persönlichkeit, und diese liegt ja gerade bei den Nichtrauchern in der Freiheit zum Nichtrauchen. Hinzu kommt auch hier Art. 2 Abs. 2 S. 1 Grundgesetz, wonach jeder das Recht auf Leben und körperliche Unversehrtheit hat. Interessant ist hierbei vielleicht, dass die Folgen des Passivrauchens noch nicht endgültig absehbar sind. Zu beachten ist vielleicht noch, dass das Recht der Raucher dort endet, wo es in das Recht der Nichtraucher eingreift.

Für die Position des Bundestagsabgeordneten der SPD spricht ferner, dass es heute zum Beispiel schon auf Bahnhöfen ein striktes Rauchverbot gibt.

Nun komme ich zum Vorschlag der Bundesregierung. Hierfür spricht, dass das Gaststättengewerbe frei entscheidet. Das könnte somit Erprobungsphasen einführen und aufgrund seiner Erfahrungen, z.B. ob es Umsatzeinbrüche gab, weiter agieren. Das Gaststättengewerbe hat somit Entscheidungsfreiheit, ob es sich dieser freiwilligen Vereinbarung anschließen möchte oder nicht. Die Bundesregierung hofft wahrscheinlich, dass das Gaststättengewerbe positive Erfahrungen mit solchen freiwilligen Vereinbarungen machen wird. Hiergegen spricht jedoch, auch – natürlich – die Freiwilligkeit dieser Regelung, denn sie könnte genau das Gegenteil bewirken, was die Bundesregierung eigentlich erreichen möchte. Es besteht somit Gefahr, dass das von ihr vorgesehene Ziel somit nicht erreicht werden könnte.

Ja, die Verbraucherschützer haben im Prinzip keinen Vorschlag für ein Antiraucher-Gesetz, sie kritisieren lediglich die Vorstellung der Bundesregierung. Eine freiwillige Vereinbarung sei nicht ausreichend. Dies halte ich für zutreffend. Bei der Freiwilligkeit ist es so, dass, wenn kein Nutzen für das Gaststättengewerbe besteht, die Vereinbarung ... äh ... eher nicht umgesetzt werden würde. Das Argument der Verbraucherschützer, es bestehe eine sehr große Tabaklobby, halte ich auch für erachtenswert, denn in Deutschland hat diese Lobby einen zu großen Einfluss. Außerdem handelt es sich bei der Freiwilligkeit um eine Selbstverpflichtung der Wirtschaft, und es lässt sich aus alten Beispielen hervorbringen, dass eine artgerechte Entsorgung zum Beispiel von Abwasser großer Fabriken unter der Schadstoffgrenze auf freiwilliger Basis häufig nicht eingehalten wurde und somit Kontrollen notwendig waren. Freiwillige Selbstbindungen scheinen daher in der Praxis nicht zu funktionieren.

Nun möchte ich einen Vergleich zum Nichtraucherschutz in anderen Staaten der EG vorbringen, in denen Anti-Raucher-Gesetze eingeführt worden sind, und zwar möchte ich das am Beispiel von Italien darlegen – ich möchte zunächst die Situation dort schildern. Es herrscht ein Rauchverbot in allen öffentlichen Räumen, Gaststätten, Hotels usw. aber es gibt für Gastronomen die Möglichkeit, eine Raucherzone zu schaffen. Die Auflagen für eine solche Raucherzone sind jedoch sehr hoch, zum Beispiel muss dieser Raum geschlossen und völlig isoliert vom restlichen Gastraum sein und eine spezielle Abluftanlage enthalten. Die Anschaffungskosten für eine Abluftanlage sind jedoch, was ich mir habe erzählen lassen, in Italien, zu teuer, so dass die Raucher häufig dann doch vor die Tür gehen müssen. Für diese Regelung in Italien spricht, dass die Nichtraucher nicht gestört werden und in allen Räumen frische Luft ist und sie nicht belästigt werden und es den Rauchern auch häufig gar nichts ausmacht, auf das Rauchen in einem bestimmten Raum zu verzichten.

So komme ich nun zu meinem Resümee: Abschließend möchte ich sagen, dass ich den vom Bundestagsabgeordneten der SPD vertretenen Vorschlag für zu drastisch halte, mich jedoch auch nicht der Bundesregierung und deren Freiwilligkeitsregelung anschließen möchte, weil ich diese für unzureichend halte. Vielmehr möchte ich mich im Wesentlichen der Meinung der Verbraucherschützer anschließen, befürworte ein ähnliches Modell, wie das soeben vorgetragene von Italien. Grundsätzlich soll das Rauchen in öffentlichen Räumen, Gaststätten und Hotels verboten sein, es soll jedoch Auflagen geben, nach denen unter ganz strikten Voraussetzungen Raucherräume ausnahmsweise erlaubt sein sollten.

Ich bedanke mich für Ihre Aufmerksamkeit.

4. Fragen des Prüfers

Prüfer:
Ja, vielen Dank für Ihren Vortrag! Die Kommission wird nun ... *ähh* ... einige Fragen ... *ähh* ... an Sie richten. Glauben Sie, dass ihr Vorschlag wirklich dem Nichtraucherschutz Rechnung tragen wird? Ist es nicht so, dass wir so ein strenges Gesetz brauchen, auch vor dem Hintergrund der staatlichen Schutzpflicht für die Gesundheit der Nichtraucher?

Kandidatin:
Nein, ich glaube schon, dass mein Vorschlag, so wie er auch in Italien praktiziert wird, ... *ähh* ... von Vorteil sein wird, und dass man die Bevölkerung auch nicht vor allen gesundheitlichen Gefahren schützen kann. Darunter fällt auch das Rauchen.

Prüfer:
Das ist richtig, dass man ... *ähhm* ... die Bevölkerung nicht vor allen gesundheitlichen Gefahren schützen kann – aber ist es beim Rauchen nicht doch ein bisschen anders ... *ähhm* ... – schon deshalb, weil Sie hier sehr schön den Begriff des Passivrauchens betont haben, dass man sich davor nicht schützen kann.

Kandidatin:
Jaaa

Prüfer (unterbricht):
Müsste man da nicht doch sagen – von staatlicher Seite – nein, das geht nicht anders! Also gerade man hat ja auch – gerade in den letzten Jahren – gesehen, es ist deutlicher geworden, dass aufgrund neuerer medizinischer Erkenntnisse – wir müssen hier einfach strenger durchgreifen.

Kandidatin:
Ich würde sagen, dass es ausreichend ist, wenn man bestimmte Räume als Raucherräume festgelegt, wenn dann ein bestimmtes Abluftsystem existiert, eine Tür und ein wirklich abgegrenzter Raum. Denn man muss ja im Hinterkopf behalten, dass das Gaststättengewerbe wahrscheinlich auch eine große Umsatzeinbuße hätte, wenn es den Rauchern überhaupt keine Möglichkeit geben würde, ihrer Sucht (deutet mit einer Geste Gänsefüßchenzeichen an) nachzukommen.

Prüfer:
Den Gedanken will ich gerade aufgreifen. Was halten Sie denn von dem Einwand, der von Teilen des Gaststättengewerbes vorgebracht wird, es sei alles viel zu teuer? Das bedroht die Existenz einiger Vertreter des Gaststättengewerbes. Gerade auch, wenn Sie jetzt noch vortragen, dass da technische Einrichtungen eingebaut werden sollen.

Kandidatin:
Es sollte natürlich schon sondiert werden, wer sich das leisten kann und wer nicht. Und es gibt ja auch noch die Möglichkeit, zumindest im Sommer, draußen Zelte aufzustellen und somit sodann, den Rauchern ihre Umgebung zu schaffen.

Prüfer:
Schön, ja, dann denke ich ... *ähhm* ..., dass Sie hier Ihren Vortrag und die Fragerunde als beendet betrachten dürfen und darf Ihnen für Ihren Vortrag erst einmal danken.

Dauer des Vortrags: 9 min 10 sek.
Dauer des Gesprächs: 3 min 30 sek.

5. Beurteilung

Der Vortrag greift die Fragestellung der Vortragsaufgabe zutreffend auf. Er spricht die wesentlichen Probleme an, die den Verfasser dazu bewogen haben, diese Vortragsaufgabe zu stellen. Die Gliederung der Ausführungen ist klar und nachvollziehbar. Positiv hervorzuheben ist zunächst, dass die Kandidatin einleitend eine kurze Vorschau gibt, welche Aspekte sie in ihrem Vortrag näher zu betrachten gedenkt. Gelungen sind auch die deutlichen Abgrenzungen zwischen den verschiedenen, im Text angesprochenen Vorschlägen, die mit gut vertretbaren Argumenten einer wohlausgewogenen Kritik unterzogen und anschließend auch überzeugend gegeneinander abgewogen werden. Besonderes hoch anzurechnen ist der Kandidatin, dass sie zum Schluss einen eigenen Lösungsvorschlag entwickelt hat.

Auch die Zeiteinteilung ist der Kandidatin gut geglückt. Sie hat mit 9 Minuten und 10 Sekunden Vortragszeit die ihr zur Verfügung stehende Zeit fast optimal ausgeschöpft.

In der Fragerunde hat die Kandidatin sich ebenfalls wacker geschlagen. Sie konnte mit der nicht ganz eindeutigen Frageweise des Prüfers geschickt umgehen und ließ sich nicht aus der Ruhe bringen.

Was den rechtlichen Gehalt der Ausführungen angeht, so bringt der Vortrag vieles von dem, was man in 10 Minuten erwarten kann (Erwähnung der Grundrechte aus Art. 2 Abs.1 und 2 GG, die Problematik der freiwillige Selbstvereinbarungen, die im Ausland gemachten Erfahrungen. Leider fehlt eine kurze Bemerkung zu Art. 12 Abs. 1 GG sowie ein ausdrücklicher Hinweis auf den Grundsatz der Verhältnismäßigkeit).

Im Vergleich zu anderen Vorträgen zu dieser Thematik haben wir diesen Vortrag als besonders gelungen angesehen und als im oberen Notenniveau (im Bereich gut/sehr gut) gelegen eingestuft.

II. Aufgabe im Zivilrecht „Zahlungsmoral"

1. Sachverhalt

Die Zahl der Unternehmensinsolvenzen befindet sich seit Jahren auf einem besorgniserregenden Niveau. Ein Hauptgrund hierfür sind die hohen Außenstände. Viel zu oft lassen sich Forderungen nicht oder nur zu einem lächerlichen Anteil realisieren. Die schlechte Zahlungsmoral in der Wirtschaft hat daher schon manches Unternehmen in die Knie gezwungen. Das war für die EG Grund genug, den Verzugszins gemeinschaftsweit auf recht hohem Niveau zu harmonisieren. Ob dies das Problem deutlich verringert, ist noch nicht abzusehen.

Die Zahl der Verbraucherinsolvenzen ist in den letzten Jahren in Deutschland noch weit mehr gestiegen. Handels- und Kreditkartenunternehmen schreiben immer mehr ihrer Forderungen gegen Verbraucher ab. Verschuldete Verbraucher sind häufig durch aggressives Marketing, durch „Null-Leasing" und den „bequemen Sofortkredit" zu Konsum auf Pump verführt und können ihr Auto, die Sitzgruppe und den DVD-Rekorder im Fall von Arbeitslosigkeit oder Scheidung nicht mehr abbezahlen.

Verschuldete Verbraucher kalkulieren manchmal aber auch knallhart, leisten sich, was sie sich nicht leisten können und ruhen sich dann bequem in der Hängematte des Schuldnerschutzes aus: Gerade die Pfändungsfreigrenze, welche den Zugriff auf eine monatliches Einkommen von weniger als 989,99 € verwehrt, bietet ein komfortables Polster, wenn man „schwarz" noch ein wenig hinzuverdient. Und das Insolvenzrecht bietet nach einer wenige Jahre dauernden Wohlverhaltensphase die Möglichkeit einer Restschuldbefreiung. Häufig werden dem Schuldner die Verfahrenskosten sogar gestundet. Auch genießen Gläubiger keinen strafrechtlichen Schutz gegenüber ihren Schuldnern, denn es ist schwierig nachzuweisen, ob der Schuldner seine Zahlungsbereitschaft vorgetäuscht hat.

Noch vor wenigen Jahren konnten in Deutschland Gläubiger auch nach der Insolvenz ihres Schuldners die Forderungen weiterhin 30 Jahre durchsetzen. In den USA ist die Restschuldbefreiung dagegen durchschnittlich in dreieinhalb Monaten zu haben.

2. Aufgabenstellung

Wie sieht hier nach Ihrer Meinung ein gerechter Ausgleich aus?

3. Vortrag des Kandidaten

Hallo!
In meinem Vortrag geht es um schlechte Zahlungsmoral in der Wirtschaft. Das Problem besteht insbesondere darin, dass viele Unternehmen – insbesondere kleinere Handwerker und ähnliches – in Insolvenz gehen müssen, weil Forderungen nicht beglichen werden, die eigentlich zu begleichen wären.

Ich möchte jetzt im Folgenden zunächst das Problem analysieren, dann Lösungsmöglichkeiten aufzeigen und diskutieren und am Ende ein kurzes Fazit ziehen. *(kurze Pause)*

Es stellt sich die Frage, was denn der gerechte Ausgleich ist, zwischen den Interessen des Schuldners, Schuldnerbefreiung zu erlangen und denen des Gläubigers, Forderungen realisieren zu können. Man muss verschiedene Problemkreise unterscheiden:

Zum einen muss man unterscheiden zwischen Zahlungsmoral und Zahlungsfähigkeit und zum anderen muss man unterscheiden nach der Person des Schuldners – es kann ein Verbraucher sein, es kann aber auch ein Unternehmer sein. Und wenn es ein Unternehmer ist, dann ist es meistens eine Kapitalgesellschaft, oder eigentlich fast immer, weil bei Personengesellschaften die Handelnden ja auch persönlich haften.

Zunächst das Problem mit den Verbrauchern: Hier gibt es seit kurzer Zeit die Möglichkeit der Verbraucherinsolvenz. Es ist also so, dass man, wenn man hohe Schulden hat und die nicht wird begleichen können, – dass man dann nach einer Wohlverhaltensphase von 6 Jahren in der Lage ist, eine Restschuldbefreiung zu erlangen. Des Weiteren gibt es eine Pfändungsfreigrenze bei Verbrauchern, die liegt so ca. bei 1000 €.

Das bedeutet, alles Einkommen unter dieser Freigrenze kann vom Gläubiger nicht gepfändet werden. Grund für die zunehmende Zahl der Verbraucherinsolvenzen sind vor allen Dingen so genannte Sofortkredite oder Warenkredite, die es im Kaufhaus gibt, wo man einfach vorbeigeht und einfach mal ganz kurz ein Darlehen aufnimmt. Das Problem hier ist einfach, dass man wohl sehr wenig darüber nachdenkt, man überlegt halt, ich möchte gerne dieses kaufen und dazu brauch ich so und so viel Geld, das hab ich aber nicht, also nehme ich kurz einen Kredit auf und zahle es dann in Raten zurück und ähnliches. *(kurze Pause)*

So..., bei den Verbrauchern ist das Problem viel weniger die Zahlungsmoral, denke ich, ... *ähm* ... als die Zahlungsfähigkeit, weil Verbraucher im Allgemeinen eigentlich, wenn man denen eine Rechnung schickt, auch eingeschüchtert sind und zahlen wollen. Das Problem ist nur, wenn sie erst einmal soweit sind, dass sie ewig viele Kredite abgeschlossen haben, dass sie dann wahrscheinlich gar nicht mehr zahlen können und sich dann infolgedessen wohl eher nicht mehr darum kümmern ob sie zahlen oder nicht.

Anders liegt das alles bei Unternehmern als Schuldnern. Hier ist das Problem insbesondere ... *ähm* ... Unternehmensinsolvenz und Firmenbestattungen. Weiterhin auch die Macht der großen Unternehmen. Wenn große Unternehmen Schuldner sind, gegen die muss man klagen, die gehen durch alle Instanzen - das kann einen kleinen Handwerker durchaus mal kaputt machen. Ein weiteres Problem halt, bei so großen Unternehmen, sind die Zulieferbetriebe, die einfach darauf angewiesen sind, mit einem bestimmten Unternehmen zu kontrahieren und sich deswegen eben schwer tun, ... *ähm* ... auf ihr Recht zu bestehen. Außerdem ist es noch zu bemerken, dass als dritter Schuldner der Staat, der ähnlich wie ein großes Unternehmen eine enorme Macht hat, wenn der mit einem privaten Unternehmern kontrahiert ... *ähm* ..., der dann auch durchaus nicht unbedingt nur hohe Zahlungsmoral an den Tag legt.

So, dann komm ich jetzt zu Lösungsmöglichkeiten für die Misere ... *ähm* ... .

Die europäische Union hat wohl vor kurzem den Verzugszins erhöht. Wenn man also in Zahlungsverzug ist, muss man mehr Prozentpunkte noch mal auf die Forderung draufzahlen nach gewisser Zeit ... *ähm* ... . Dieses Instrument wird wohl auf die Zahlungsmoral zielen, denn ... *ähm* ... das Problem ist einfach ... *ähm* ... : wenn man insolvent ist, ist man insolvent. Wenn der Waschkorb einmal angelegt ist, dann guckt auch keiner mehr auf die ungeöffneten Rechnungen, die in der Schublade versteckt werden. Deswegen zielt es nur auf die Zahlungsmoral. Wie ich eben bei den Verbrauchern schon festgestellt hab, ... *ähm* ... haben die normalerweise eine sehr hohe Zahlungsmoral und deswegen hat das Instrument entsprechend wenig Wirkung.

Bei einem Unternehmen ist das vielleicht ein bisschen anders. Auch hier gibt es wahrscheinlich eher eine geringe Wirkung ... *ähm* ..., weil bei einer Erhöhung von einigen wenigen Prozentpunkten, glaube ich nicht, dass jemand seine Einstellung ändert. Wenn der einmal sagt, ich zahl jetzt nicht, dann helfen da, glaube ich 3 Prozentpunkte oder so, nicht mehr so viel. Es sind ja auch meistens nicht so viele riesige Forderungen, um die es da geht. Das Instrument ist also nicht so sehr geeignet ... *ähm* ... .

Dann wird weiter überlegt ... *ähm* ..., könnte man überlegen, die Rechtslage der alten anzupassen und die Verbraucherinsolvenz abzuschaffen. Hier denke ich aber, dass man ein massives Persönlichkeitsrechtsproblem bekommen könnte, weil ja durchaus die freie Entfaltung der Person, durch eine Verschuldung die über 30 Jahre geht oder den Rest des Lebens ... *ähm* ..., betroffen sein könnte – Stichwort sittenwidrige Angehörigenbürgschaft – ... *ähm* ... dort ist ja die Argumentation ähnlich. Zwar ist dieses, wäre das ganz offensichtlich verfassungsgemäß, schließlich ist es ja angewendet worden, eine ganze Weile ohne Verbraucherinsolvenz zu arbeiten, allerdings würde das ein schlechtes Klima insgesamt in der Bevölkerung verursachen und ... *ähm* ... und das Zahlungsverhalten – es hätte vielleicht einen geringen psychologischen Effekt für den Verbraucher, der weiß, wenn ich jetzt nicht aufpasse, muss ich den Rest meines Lebens zahlen. Aber davon abgesehen – es trifft ja nicht nur den Schuldner selbst, sondern auch sein Umfeld – es trifft seine Frau, die Scheidungsrate würde vielleicht ansteigen, es trifft vielleicht Kinder des Schuldners, die ... *ähm* ... dann eben kein Schulessen bezahlt kriegen können und so weiter. Es ist also - denke ich - schon recht schwierig und meines Erachtens auch kein Weg zur Lösung.

Dann könnte man überlegen, die Pfändungsfreigrenze abzuschaffen. Das wäre wohl zumindest verfassungsrechtlich problematisch aus Menschenwürdegründen. Der Mensch muss die Möglichkeit haben ... *ähm* ... menschenwürdig zu leben und dazu zählen ja einfachste Dinge – Wohnung, Essen usw. und wenn die Pfändungsfreigrenze abgeschafft würde, könnte man ja jedes Vermögen des Schuldners an sich nehmen und ... *ähm* ... ich denke, das würde wohl dann dazu führen, dass man das dann auch tun würde und der Schuldner hätte dann keine Möglichkeit mehr, ... *ähm* ... die einfachsten Lebensgrundlagen sich selbst zu schaffen. Deswegen ist auch das kein Weg.

Was man vielleicht machen könnte, wäre die Pfändungsfreigrenze zu senken. Das hätte wohl Wirkung, nämlich wenn man ganz einfach auf mehr Geld zugreifen kann, könnte man die Forderung zu mindestens zu einem höheren Anteil befriedigen. Wenn man eine gewisse Grundgrenze einhalten würde – eben aufgrund der Menschenwürdeproblematik von gerade eben – denke ich, ist das gar kein schlechtes Instrument zur Lösung des Problems ... ähm .... *(kurze Pause)*

Dann – in den USA – wird ein komplett ... ähm ... gegensätzlicher Weg gegangen. Dort ... ähm ... gibt es die Restschuldbefreiung nicht wie bei uns nach vielleicht sechs Jahren, sondern nach schon zwei bis drei Monaten ... ähm ... dreieinhalb Monaten waren es glaube ich – und ... ähm ... da sehe ich eine massive Missbrauchsmöglichkeit. Also ich denke nicht, dass das ein Weg wäre. Wenn man da kurz nachdenkt – es gibt immer Möglichkeiten einen hohen Kredit aufzunehmen und das Geld beiseite zu schaffen. Das wäre also wohl kaum eine Möglichkeit.

Für die unternehmerischen Schuldner ... *ähm* ... könnte man überlegen, die Kapitalgesellschaft abzuschaffen ... *ähm* ..., dann gäbe es nur noch persönliche Haftung und die Zahlungsmoral würde steigen. Man könnte auch auf mehr Vermögen zugreifen. Das Problem ist aber, dass ... *ähm* ... dann die unternehmerische Innovationsbereitschaft wohl sinken würde. Im Übrigen gibt es innerhalb der EU den Wettbewerb der Rechtsformen und deswegen ist insofern nichts zu machen. Arbeiten könnte man vielleicht mit Durchgriffshaftung – wobei auch hier eben das Problem der Insolvenz im Raum steht und andere Rechtsformen, die dann eben ... *ähm* ... diese Durchgriffshaftung nicht hätten. Ich sehe auch keinen Weg, außerhalb von Gesellschaftsrecht so eine Durchgriffshaftung zu installieren.

So, jetzt komm ich kurz zum Fazit. ... *Ähm* ... an der Zahlungsmoral wird wohl insgesamt nichts zu machen sein. Das sagt ja schon das Wort „Moral", dass eine rechtliche Regelung da wohl recht schwierig sein könnte. Dann was das Zahlungsvermögen angeht: den möglichen Bestrebungen sind enge Grenzen gesetzt. Was man machen kann, ist die Verbraucher aufklären, sie sollen nicht so hohe Kredite aufnehmen, dann in der Schule die Kinder bilden im Umgang mit Geld, dass vielleicht so ... *ähm* ... zukünftig Probleme vermieden werden können. Außerdem kann man vielleicht darüber nachdenken, Sofortkredite wenigstens zu beschränken. Für Unternehmen gibt es kaum Handlungsmöglichkeiten, eventuell kann man eine Durchgriffshaftung schaffen ... *ähm* .... Dies sind die Möglichkeiten.

Prüfer: Herzlichen Dank... (Vortragsende nach 10:12 min)

4. Beurteilung

Auch dieser Vortrag dokumentiert, dass die in unseren Veranstaltungen zu den Schlüsselqualifikationen immer wieder hervorgehobenen Gesichtspunkte der erkennbaren Gliederung und des Setzens von „Wegmarken" aufgegriffen wurden. Dem Vortrag ist nach einem knappen Problemaufriss eine kurze Gliederung vorangestellt, an die sich der Kandidat im Rahmen des Vortrags auch gehalten hat. Auch das Zeitmanagement ist gelungen. Der Vortrag hat den zeitlichen Rahmen voll ausgeschöpft. Die knappe Überschreitung der Grenze von 10 Minuten ist nicht zu beanstanden.

Als problematisch ist allerdings der über weite Strecken (ab dem zweiten Vortragsdrittel) umgangssprachliche Duktus des Vortrages anzusehen. Bereits die

Anrede mit „Hallo!" signalisiert alles andere als Professionalität und ist im Vortrag unter Examensbedingungen in jedem Fall zu vermeiden. Weitere Beispiele für eine nachlässige Sprache sind Äußerungen wie „ewig viele Kredite" oder „man überlegt halt".

Der „flapsige" Ausdruck schlägt sich darüber hinaus auch im Weglassen von Endungen nieder („So, dann komm ich jetzt zu Lösungsmöglichkeiten"; „dazu brauch ich so und so viel Geld, das hab ich aber nicht"; „So, jetzt komm ich kurz zum Fazit"). Nur vereinzelt, z. B. bei der Äußerung, „wenn der Waschkorb einmal angelegt ist, dann guckt auch keiner mehr auf die ungeöffneten Rechnungen, die in der Schublade versteckt werden", kann die von dem Kandidaten gewählte umgangssprachliche Ebene der Veranschaulichung dienen. Sachlichkeit und Ernsthaftigkeit wird hierdurch allerdings nicht signalisiert.

Positiv fällt demgegenüber ins Gewicht, dass der Kandidat alle Anregungen aus der Aufgabenstellung aufgegriffen hat und auch selbst einige Argumente zu der Problematik besteuern konnte.

Zusammenfassend handelt es sich um einen noch etwas unreifen und damit optimierungsbedürftigen Vortrag, der aber bereits eine gewisse Souveränität des Kandidaten im Umgang mit den rechtspolitischen Sachfragen erkennen ließ.

III. Aufgabe im Strafrecht „Folterfall"

1. Sachverhalt

Im September 2002 wurde ein elfjähriger Bankierssohn von einem jungen Jurastudenten entführt, der auf diese Weise ein Lösegeld erpressen wollte. Der Täter wurde gefasst, gab aber das Versteck des entführten Jungen nicht preis. In der Annahme, auf diese Weise das Leben des Opfers retten zu können, ließ der Frankfurter Polizei-Vizepräsident *Daschner* dem Beschuldigten Foltermaßnahmen androhen, wenn er den Aufenthaltsort des entführten Jungen nicht angebe. Daraufhin verriet dieser das Versteck. Das Opfer war aber vom Täter schon gleich nach der Entführung ermordet worden. Eine Rettung war also nicht mehr möglich.

In seinem Lehrbuch Strafrecht Allgemeiner Teil Band 1 (4. Aufl. 2006) prüft der emeritierte Münchener Strafrechtslehrer Claus *Roxin*, ob sich der Polizei-Vizepräsident auf den Rechtfertigungsgrund der Nothilfe (§ 32 Abs. 2 StGB) berufen konnte. *Roxin* verneint im Ergebnis die Voraussetzungen der Nothilfe: Die Folterandrohung sei nicht erforderlich gewesen, weil die Möglichkeit bestanden hätte, den Jurastudenten darauf hinzuweisen, dass „die Preisgabe des Verstecks und eine dadurch ermöglichte Rettung des Opfers den Mordtatbestand und auch einen erpresserischen Raub mit Todesfolge entfallen lassen und die zu erwartende Strafe drastisch mildern würde." Außerdem sei die Folterandrohung nicht „geboten" im Sinne des § 32 Abs. 1 StGB. „Denn die Folter und ihre Androhung verstoßen gegen die Menschenwürde (Art I, 1 GG), weil sie den ihr Unterworfenen zum willenlosen Objekt, zu einem Bündel von Schmerzen macht und dadurch seinen Status als Person missachtet, den unsere Rechtsordnung auch dem Verbrecher noch zuerkennt."

Der Mainzer Strafrechtslehrer Volker *Erb* ist demgegenüber der Auffassung, Folter sei zwar niemals als staatliche Zwangsmaßnahme zu legitimieren, in Ausnahmefällen komme aber eine Rechtfertigung gem. § 32 StGB in Betracht. Zusammenfassend führt er aus (Jura 2005, 24, 30): „Einem Nothelfer durch die Bedrohung mit strafrechtlichen Sanktionen daran zu hindern, ein Entführungs- oder Terroropfer durch die Ergreifung der erforderlichen Maßnahmen gegenüber dessen Peiniger vor einem grauenhaften Tod zu bewahren, ist … schlicht unmenschlich, weshalb das Folterverbot mit seiner Durchsetzung in diesem Fall seines materiellen Sinns beraubt wird. Kann man ein Prinzip nachhaltiger beschädigen als dadurch, dass man seine Einhaltung auch dort erzwingt, wo sich sein ursprünglicher Zweck ins Gegenteil verkehrt?"

2. Aufgabenstellung

1. Rekonstruieren Sie die beiden Meinung zur Problematik der Nothilfe anhand des Falles Daschner.
2. Stellen Sie Ihre eigene Meinung zu der Problematik dar. Diskutieren Sie aus strafrechtlicher Sicht, ob sich das z. B. in § 136a I 1 StPO enthaltene Folterverbot angesichts der Bedrohungen durch den internationalen Terrorismus und andere gefährliche Straftäter noch aufrechterhalten lässt.

3. Vortrag der Kandidatin

Guten Morgen meine sehr verehrten Damen und Herren,
... *ähm* ... angesichts des internationalen Terrorismus und Fällen wie die Entführung des 11-jährigen Bankiersohnes im September 2002 ... *ähm* ... wird oft die Frage gestellt, ob das Folterverbot in der BRD aufrechterhalten werden soll.

Nach einer kurzen Einführung zum Fall Daschner möchte ich die rechtliche Beurteilung ... *ähm* ... mit zwei gegenüber oder gegenteiligen Positionen näher beleuchten und dann anschließend auf meine eigene Position, nein ... meine eigene Position näher darstellen unter Einbeziehung aktueller Geschehnisse und mit anschließenden Schlussbemerkungen – *(kurze Pause)*

Zunächst zum Fall Daschner:
Im September 2002 wurde der 11-jährige Bankiersohn von einem Jurastudenten entführt. Der Täter wurde dann auch gefasst, aber gab das Versteck nicht preis. Der Frankfurter Polizeivizepräsident Daschner ließ dem Beschuldigten die Foltermaßnahmen androhen, in der Annahme, er könne das Opfer noch retten und dies sei auch noch am Leben, aber das war nicht der Fall.

Und nun ist die Frage: Ist das Handeln des Herrn Daschner gemäß § 32 Abs. 2 StGB nach Nothilfe gerechtfertigt? Hierzu gibt es in der deutschen Strafrechtsliteratur zwei sich gegenüberstehende Auffassungen:

Zum einen Herr Roxin: Er verneint die Rechtfertigung des Handelns des Herrn Daschner, denn es fehlt an der Erforderlichkeit und Gebotenheit des Handelns ... *ähm* ... Rechtfertigungsgrundes, denn zum einen wäre der Hinweis an den Täter möglich gewesen, dass eine Strafmilderung bei der Preisgabe des Versteckes möglich wäre und zum anderen ist die Gebotenheit nicht gegeben und zwar aus dem Grund, da der Täter nicht als willensloses Objekt staatlichen Handelns ... *ähm* ... benutzt werden kann, sondern ihm stehen auch die ... *ähm* ... Rechte aus der Verfassung zu, insbesondere eben Art. 1 Abs. 1 GG, die Menschenwürde.

Anderer Auffassung ist Herr Erb, der im Ergebnis die Rechtfertigung bejaht. Er sagt zwar im Grundsatz Folter, Zwangsmaßnahmen, sind niemals legitimierbar, aber hier greife eine Ausnahme, denn der ursprüngliche Zweck des Folterverbots wird ins Gegenteil verkehrt, denn dem Herrn Daschner werden ja – wird keine Möglichkeit gegeben, das Leben des Opfers zu retten, wenn eben hier dieser Rechtfertigungsgrund nicht eingreifen würde. *(kurze Pause)*

Meines Erachtens muss das Folterverbot aufrechterhalten werden. Zwar kann man sagen, der internationale Terrorismus ... *ähm* ... hat zugenommen. Auch die Hintermänner müssen gefasst werden und hier ist die Frage, wie soll der internationale Terrorismus bekämpft werden? Und ist dazu nicht Folter notwendig? Auch andere gefährliche Straftäter oder andere ... *ähm* ... zum Beispiel Sexualstraftäter oder Entführer, wie hier im Fall Daschner, müssen ... *ähm* ... strafrechtlich verfolgt werden und sind dazu nicht vielleicht Foltermaßnahmen erlaubt? Hierfür spricht auch die Opferposition – natürlich aus Art. 2 Abs. 2 S. 1 GG das Recht auf Leben, das hier mit in die Abwägung mit einbezogen werden muss, aber ... *ähm* ... meines Erachtens wiegen die gegenteiligen ... *ähm* ... Argumente oder die Gegenargumente schwerer, denn die Erfahrungen aus der Geschichte zeigen, dass es eine höchste Missbrauchsgefahr gibt, z.B. die nationalsozialistische Zeit und die Vernehmungsmethoden der GESTAPO oder auch aus unserer aktuellen, heutigen Zeit Guantanamo Bay, wo eigentlich der Rechtstaat zur Farce wird und zum anderen muss gesehen werden, dass das Strafrecht auf dem Grundgesetzbuch und der Verfassung – und hier ist besonders ... *ähm* ... sind besonders die Schranken des Grundgesetzes zu nennen und zwar Art. 20 Abs. 3 GG – das Rechtstaatsprinzip – es kann nur mit rechtstaatlichen Mitteln vorgegangen werden – auch gegen die Täter und natürlich Art. 1 GG – wie schon gesagt: die Menschenwürde – und das ist ja auch die Grundlage für alle Gesetze ... *ähm* ... *(kurze Pause)*.

Weitere Schranken ... *ähm* ... eine weitere Schranke der Verfassung ist ja auch die Rechtschutzgarantie, die für alle Bürger gilt in Art. 19 Abs. 4 GG und wie soll Rechtschutz gegenüber Folter gewährleistet werden?

Und ein anschließendes Argument meinerseits ist, dass eine gesetzgeberische einwandfreie Regelung dieser Foltermaßnahmen ... *ähm* ... mir nicht möglich erscheint, denn es würde auf eine Generalklausel hinauslaufen, mit entsprechenden Ausnahmesituationen. Aber auch durch die Gerichte, die entsprechend das konkretisieren können ... *ähm* ..., ist eine hohe Missbrauchsgefahr gegeben, so dass man mehr in die Einzelfallrechtsprechung sozusagen verfällt. *(kurze Pause)*

Deshalb bin ich der Meinung, dass das Folterverbot aufrecht erhalten werden muss. Der Willkür wäre sonst Tür und Tor geöffnet und im Fall Daschner wäre hier auch eine andere Lösung möglich gewesen, denn man hätte auf die Strafmilderung und bei der Preisgabe des Verstecks auf entsprechende ... *ähm* ... Tatbestände, die da nicht erfüllt wären, auf die Strafmilderung hinweisen können.

Vielen Dank... (Vortragsende nach 6:25 min)

4. Fragen des Prüfers

Prüfer:

Frau XY, Sie können sich ja Situationen vorstellen, die noch dramatischer sind als diese, wie sie sich im Fall Daschner ereignet haben; z.B.:

Im Juristengebäude ist eine Bombe versteckt, die nach dem Kenntnisstand der Polizei in den nächsten 15 Minuten explodieren soll, so dass eine vollständige Evakuierung des Gebäudes nicht möglich scheint. Man hat einen Täter gefasst, der dem Einsatzkommando sofort den Standort der Bombe mitteilen kann. Dieser weigert sich jedoch, die Stelle der Bombe zu verraten, da es seinen politischen Überzeugungen entspricht. Einerseits würden dann etliche Menschen bei der Explosion ums Leben kommen. Andererseits könnte man vielleicht den Täter unter Anwendung mittelalterlicher Methoden dazu bringen, den Standort der Bombe der Polizei bekannt zu geben, so dass diese entschärft werden könnte.

Würden Sie in so einem Fall weiterhin bei Ihrer Meinung bleiben, dass der Staat nicht eingreifen darf?

Kandidatin:

... *Ähm* ... ja, denn – was auch im Notwehrrecht gilt – dieser Grundsatz ... *ähm* ... ein Leben kann ... *ähm* ..., dass ein Leben nicht aufgehoben werden kann ... *ähm* ... sozusagen, wenn es mehreren anderen Leben sozusagen ... *ähm* ... das finde ich, das rechtfertigt nicht Foltermaßnahmen. ... und zum anderen kann auch nicht sichergestellt sein, dass – auch wenn Foltermaßnahmen entsprechend angedroht werden – eine rechtzeitige ... *ähm* ... Entschärfung möglich ist, denn man weiß nicht, ob dann auch diese Foltermaßnahme ... *ähm* ... – sag ich mal – wirklich greift, denn man kann nicht sicher sein, dass der Täter auch bei entsprechenden Maßnahmen das Versteck der Bombe verraten würde. Das kann die Polizei ebenso nicht vorher sagen.

Prüfer:
Ließe sich Ihrer Meinung nach ein Mittelweg in der Form argumentativ durchhalten, dass die Folter zwar präventiv verboten bleibt, d.h. ohne dass eine Ermächtigungsgrundlage geschaffen wird, die die Folter im Sinne eines offenen Tatbestandes legitimiert, aber, wenn verbotene Vernehmungsmethoden gleichwohl angewandt werden, dem Amtswalter dennoch die Möglichkeit einer strafrechtlichen Rechtfertigung nach § 32 StGB verbleibt?

Kandidatin:
Jedoch ist hier wieder ... *ähm* ... für mich die große Frage, dass auch ... *ähm* ... sozusagen ... für den Täter entsprechend ... *ähm* ... ja die Rechte des Täters dabei nicht beachtet werden. Zwar kann man hier wieder entgegenstellen die Opferposition, die da in diesem Fall wirklich viele Personen betrifft, aber meines Erachtens ... *ähm* ... kann im Nachhinein – dann würde man zu schnell, denk ich, zu dieser Methode greifen, ohne vorher die rechtstaatlich einwandfreien Methoden anzuwenden.

Prüfer:
Vielen Dank!

5. Bewertung

Die vertextete Vortragsfassung und insbesondere die Antworten der Kandidatin in der Fragerunde dokumentieren deutlich die gegebenen Defizite in der Satzbildung. Kaum ein Satz besteht aus Subjekt, Prädikat und Objekt und wird so beendet, wie er begonnen wurde. Die Darstellung wirkt daher insgesamt fahrig und ist argumentativ unklar. Auch das Zeitmanagement kann nicht als gelungen bezeichnet werden. Der Vortrag hat mit nur 6,5 Minuten Dauer das zur Verfügung stehende Zeitbudget bei weitem nicht ausgeschöpft.

Die Begrüßung mit „sehr verehrte Damen und Herren" ist in Ordnung, da in der Aufgabenstellung keine näheren Angaben enthalten sind, vor welchem Publikum der Vortrag gehalten wird. Der Problemaufriss, mit dem die Fragestellung des Vortrags eingeführt werden soll, ist im Wesentlichen gelungen, auch wenn das Thema vielleicht etwas offensiver und geistreicher hätte eingeleitet werden können.

Hinsichtlich der Struktur des Vortrags ist es zutreffend, jetzt die Gliederung darzustellen, die hier sehr übersichtlich ausfällt und auch im Vortrag selbst eingehalten wird: Kurze Einführung zum Fall Daschner, Darstellung der beiden in der Aufgabenstellung vorgegebenen Hauptmeinungen und die Schlussbemerkung. Insoweit ist die Wortwahl treffend und der Satzbau - abgesehen von dem Passus hinsichtlich der „gegenteiligen Positionen" - gelungen. Der Zuhörer weiß also, was ihn im Vortrag erwartet.

Die Schilderung des Falles Daschner ist recht oberflächlich – eine genauere Darstellung hätte die Zuhörer sicher mehr „eingefangen" und auf die nachfolgende strafrechtliche Problemanalyse eingestimmt. Diese wird sodann mit einer prägnanten Formulierung präzise eingeleitet. Ab dieser Einleitung „kippt" der Darstellungsduktus um. Die Präsentation der beiden Meinungen ist ungenau und erfolgt in verschachtelten und unvollständigen Sätzen. Die vertextete Vortragsfassung lässt die dahinter stehenden Rechtsstandpunkte der beiden Hochschullehrer kaum mehr erkennen. Auf die Schilderung des Standpunktes von Claus *Roxin* verwendet die Kandidatin einen einzigen langen Satz, in dem die Aspekte der Gebotenheit der Verteidigung und die verfassungsrechtliche Dimension der Folterproblematik miteinander verwoben werden. Die Position *Erbs* wird viel zu knapp und undeutlich wiedergegeben.

Nachvollziehbar wird die Darstellung erst bei der Schlussbetrachtung. Hier stellt die Kandidatin ihren Standpunkt prägnant dar. Die Fragerunde dokumentiert wiederum Schwächen im Satzbau und in der Argumentation. Es fehlen kurze Sätze mit klarem Aufbau und prägnanter Wortwahl. Allerdings zeigt die vertextete Version der Prüferfragen, dass diese ebenfalls alles andere als deutlich gestellt wurden, vgl. insbesondere Frage 2!

Zusammenfassend ist deshalb von einem Vortrag auszugehen, der zwar über der Bestehensgrenze liegt aber nicht brillieren kann. Immerhin ist der geforderte systematische Aufbau in der Darstellung erkennbar gewesen und die Fragestellung wurde als solche richtig erfasst.

IV. Aufgabe im Strafrecht „Unternehmensstrafrecht"

1. Sachverhalt

Das bürgerliche und das öffentliche Recht erkennen die Existenz des Unternehmens nach Maßgabe der für die jeweilige Organisationsform geltenden gesetzlichen Bestimmungen an, die Straf- und Ahndbarkeit setzt nach deutschem Rechtsverständnis aber ein schuldhaftes bzw. vorwerfbares Handeln einer natürlichen Person voraus. Andere Rechtsordnungen kennen demgegenüber ein Unternehmensstrafrecht. Auch in Österreich wurde mit Wirkung zum 01. Januar 2006 nunmehr ein Verbands- bzw. Unternehmensstrafrecht eingeführt.

Leitend waren, wie sich aus der nachstehenden Zusammenfassung einer österreichischen Anwaltskanzlei ergibt, folgende Überlegungen:

> „Die Komplexität größerer Unternehmen bringt es mit sich, dass häufig die Verantwortung auf viele Mitarbeiter aufgesplittet ist. Kommt es in solchen Fällen zu strafbaren Handlungen, ist die Schuld des einzelnen Beteiligten unter Umständen so gering, dass eine strenge Bestrafung nicht in Frage kommt. Dagegen kann der Vorteil, den das Unternehmen daraus zieht, enorm sein. Ein bloß zivilrechtlicher Anspruch schien für einen Ausgleich ungeeignet, weil bei einem solchen wiederum das Prozessrisiko zu einem Ungleichgewicht führt."

Nach dem neuen Gesetz können nun auch gegen Verbände Strafverfahren geführt werden. Als Verbände anzusehen sind alle juristischen Personen, aber auch bestimmte Personengesellschaften. Voraussetzung ist, dass im Rahmen des Verbandes von Personen, die für den Verband handeln, eine Straftat begangen wurde, und zwar entweder zu seinen Gunsten oder in Verletzung einer ihn treffenden Pflicht, wobei die Voraussetzungen unterschiedlich sind, je nachdem ob die Straftat von einem einfachen Mitarbeiter oder von einem Verbandsverantwortlichen begangen wurde.

Zuständig für das Verbandsstrafverfahren ist das Gericht, das für die handelnde Person zuständig ist; das kann ein Bezirksgericht oder Landesgericht sein. Die Strafverfahren gegen den eigentlichen Täter und den Verband sind in der Regel gemeinsam zu führen. Bei Verurteilung droht dem Verband eine am Unternehmensertrag orientierte Geldbuße. Die maximale Verbandsgeldbuße beträgt 180 Tagessätze, die Höhe des Tagessatzes bis zu EUR 10.000. Die Verfolgung erfolgt durch den Staatsanwalt, wobei diesem ein Ermessensspielraum eröffnet ist.

2. Aufgabenstellung

Die xy Partei möchte sich für den kommenden Wahlkampf eine Meinung zu der Frage bilden, ob auch in Deutschland ein Unternehmensstrafrecht eingeführt werden soll. Die Partei hat Sie als Rechtsexpertin/Rechtsexperten eingeladen, um sich auch im Hinblick auf die österreichische Regelung informieren zu lassen.

Gehen Sie bei Ihrem 10 min Impulsreferat davon aus, dass sich unter den Zuhörern überwiegend juristische Laien befinden.

3. Vortrag des Kandidaten

Liebe Parteifreunde,
ich möchte mich erst einmal für das Vertrauen bedanken, was sie mir als Rechtsexperten unserer Partei entgegenbringen, um sie über das recht schwer zugängliche Thema eines Unternehmensstrafrechts doch adäquat aufklären zu können.

... *Ähm* ... Um mich – wie gesagt – diesem Thema des Unternehmensstrafrechts, ob wir es in Deutschland einführen – ja oder nein – ... *ähm* ... zu nähern, möchte ich eine kleine Gliederung meines Vortrages vorweg stellen. Ich möchte erst zu einer allgemeinen Problemstellung ... *ähm* ... mich äußern, dann möchte ich auf ein internationales Vorbild – nämlich dem des österreichischen – ... *ähm* ... eingehen, die ein Unternehmensstrafrecht bereits eingeführt haben, ... *ähm* ... danach möchte ich auf Argumente eingehen, die für und auch gegen ein Unternehmensstrafrecht sprechen und möchte dann in einer kleinen Schlussbetrachtung zum Ausdruck bringen, wie mein Standpunkt zu diesem Thema ist.

Ja, also die Problemstellung ist folgende:
Wie wird denn in Deutschland ... *ähm* ... erst einmal gesetzlich reagiert, wenn ein Unternehmen eine Straftat begeht? Nun, es ist so, dass ein Unternehmen eine juristische Person ist – also anders als eine natürliche Person, was wir alle als Menschen sind, ... *ähm* ... ist ein Unternehmen eine juristische Person und das sind Personenzusammenschlüsse wie Vereine, Stiftungen oder eben auch Unternehmen. ... *Ähm* ...

Wenn so ein Unternehmen einen Gesetzesverstoß begeht ... *ähm* ..., dann ist es in Deutschland bereits über das bürgerliche und öffentliche Recht möglich ... *ähm* ..., diesen Gesetzesverstoß zu ahnden ... *ähm* ... jedoch nur, wenn eine individuelle Vorwerfbarkeit bei einer juristischen Person nachzuweisen ist.

So, aus dieser ... *ähm* ... Tatsache ergeben sich ein paar Probleme und zwar ... *ähm* ..., dass oft beobachtet werden kann, dass harte Verurteilungen von einzelnen Personen des Unternehmens stattfinden, die der Schuld nicht angemessen erscheinen.

Des Weiteren ist auch oft zu verzeichnen, dass durch Unternehmensstrafrecht enorme Gewinne erzielt werden für das Unternehmen und dass sich oft dann durch interne komplizierte Abläufe, die nun mal in einem ... *ähm* ... komplexen Unternehmen vorherrschen, eine individuelle Nachvollziehbarkeit der Vorgänge nur schwer möglich scheint und so eine zweifelsfreie Schuldzuschreibung nicht möglich ist und ein Urteil dann dementsprechend auch nicht möglich ist.

... *Ähm* ... um diesem Problem zu begegnen, wurde in der Opposition der Vorschlag eingebracht, ein Unternehmensstrafrecht einzuführen. ... *Ähm* ... nun ist die aktuelle Frage, mit der wir uns beschäftigen müssen: Ist es sinnvoll oder eben nicht, dieses einzuführen bei uns? *(kurze Pause)*

So, um das Thema etwas weitergehend zu beleuchten, möchte ich mich nun dem österreichischen Vorbild annehmen, die – wie gesagt – bereits ein Verbandsstrafrecht eingeführt haben, mit dem es dann möglich ist, gegen das Unternehmen als Gesamtes vorzugehen. ... *Ähm* ... Voraussetzung für so einen Anspruch gegen ein Unternehmen ist als Erstes, dass eine Straftat vorliegt, die von einem für den Verband Handelnden begangen wurde. Diese Straftat muss zugunsten des Unternehmens geschehen sein oder ... *ähm* ... in der Verletzung einer Unternehmenspflicht liegen. Des Weiteren wird differenziert, ob es sich um einen einfachen Angestellten des Unternehmens handelt oder ob es eben um eine leitende Führungspersönlichkeit mit hoher Verantwortung für das Unternehmen geht. Die Gerichtszuständigkeit richtet sich im österreichischen Recht danach, ... *ähm* ... welche Person gehandelt hat, d.h. das für diese Person zuständige Gericht ist dann eben auch für das Verbandsstrafverfahren zuständig. Vor Gericht werden dann die Verfahren gegen das Individuum und das Unternehmen gleichzeitig verhandelt. Als Strafe ist im österreichischen angedacht lediglich eine Geldstrafe. Diese ist unternehmensorientiert und wird in Tagessätzen verhängt. *(kurze Pause)*

So, nun möchte ich zu meinem nächsten Punkt kommen und zwar in einer Auswertung, die für und die gegen die Einführung eines Unternehmensstrafrechts spricht. ... *Ähm* ... die Opposition erhofft sich vor allem von der Einführung dieses Gesetzes ein paar Lückenschließungen, die ich ... *ähm* ... vorweggenommen angefügt hatte. Und zwar will man – wie gesagt – die ungerecht harten Individualverurteilungen verhindern, die oft zu beobachten sind. Des Weiteren will man die Flucht hinter die Unternehmensstrukturen einschränken, die in ... *ähm* ... komplexen Unternehmen oft zu beobachten sind, dass einfach nicht nachvollziehbare Abläufe zu einer Unklärbarkeit der Umstände führen. ... *Ähm* ... Des Weiteren erhofft man sich natürlich von der Einführung eines solchen Verbandsstrafrechts, dass eine höhere Verbandsrepression entstehen würde – also ein Abschreckungseffekt, der von vornherein verhindert, dass diese Taten überhaupt erst begangen werden.

So, zu den Argumenten, die dagegen sprechen, möchte ich gleich vorwegnehmen, dass die für die Einführung sprechenden, vorgebrachten Argumente der Opposition sich meiner Meinung nach alle als Luftschlösser herausstellen würden, weil – ich möchte jetzt auch dazu Stellung nehmen wieso ich das so empfinde – und zwar zum Thema der ungerechtfertigt harten Individualverurteilungen. Das sind in meinen Augen keine Probleme einer mangelnden Gesetzeslage oder dass Gesetzeslücken bestehen würden, sondern das sind einfach Folgen mangelhaft geführter Prozesse, denn auch die aktuelle Gesetzeslage sieht eine schuldangemessene Bestrafung vor. Deswegen kann eine ungerechtfertigt harte Individualverurteilung eigentlich nicht passieren, wenn man schuldangemessen verurteilt.

... *Ähm* ... Zu dem Punkt, dass man sich durch Unternehmensstrafrecht hinter den Unternehmensstrukturen vielleicht nicht mehr verstecken könnte, ist für mich auch wenig schlüssig, weil ganz einfach – wie man am österreichischen Vorbild gesehen hat – auch ein Individualvorwurf vorliegen muss; man muss also sehen, dass man einen individuell Handelnden hat, der einen Gesetzesverstoß begangen hat, um gegen das ganze Unternehmen vorzugehen. Außerdem scheint es mir auch theoretisch ... *ähm* ... nicht machbar, einen Vorwurf gegen ein Unternehmen zu führen, der losgelöst ist von einer individuellen Handlung. Also das erweist sich für mich auch als nicht schlüssig.

... Ähm ... Zu dem Punkt, dass eine zusätzliche Abschreckung geschaffen werden soll; die vorangegangen Argumente *... ähm ...* führen dazu, meiner Meinung nach zwangsläufig, dass eine Lückenschließung eigentlich nicht stattfinden würde und dass sich dadurch auch kein zusätzlicher Einfluss oder Wirkungsbereich eines solchen Gesetzes ergeben würde. Und deswegen ist natürlich auch nicht zu erwarten, dass eine größere Abschreckung dadurch entsteht und *... ähm ...* es ist eher zu erwarten, dass genau dieselben Verfahren in den Unternehmen weiterhin stattfinden würden und dass genauso wohl Gewinne durch die Straftaten erzielt werden würden.

Das führt mich dann auch zu meiner Schlussbetrachtung. Zusammenfassend kann also in meinen Augen gesagt werden *... ähm ...*, dass von so einer Gesetzeseinführung nur minimale oder kaum spürbare Erfolge zu erwarten sind, also die Lückenfüllungen sind meiner Meinung nach sehr gering bzw. zu vernachlässigen. Die Folgen einer solchen Gesetzeseinführung wären in meinen Augen ein zusätzliches Gesetzeschaos des sowieso schon in Deutschland bestehenden Gesetzeschaos und dass nur weitere Kompetenzüberschreitungen hinzukommen würden.

Sie wissen alle, welcher Aufwand mit der Einführung eines neuen, ganzen Gesetzes verbunden ist – *... ähm ...* ich denke das ist ein Aufwand, den wir uns getrost sparen können.

Vielen Dank... (Vortragende nach 7:58 min)

4. Frage des Prüfers

Prüfer:

In Amerika wurde das Unternehmensstrafrecht bereits eingeführt, wobei die dort vorgesehenen Strafen weitaus drakonischer sind als die in Österreich, u.a. gibt es dort die Todesstrafe für Unternehmen. Diese verschärften rechtlichen Regelungen führten in den Vereinigten Staaten zu einem erheblichen präventiven Effekt, d.h. seit deren Einführung wurden aus Unternehmen heraus nachweislich weniger Straftaten zugunsten der Unternehmen begangen. Meinen Sie nicht, dass Ihre Regelung dem nicht vollumfänglich gerecht wird, gerade in Anbetracht der Tatsache, dass ausländische Unternehmen, die Straftaten begehen wollen, dies als Anreiz sehen könnten, ihren Unternehmenssitz nach Deutschland zu verlegen, um der Unternehmensverantwortlichkeit zu entgehen?

Kandidat:

Ja, ich möchte mich erst einmal zu dem Beispiel äußern, was Sie sagten über die USA. Es ging ja in meinem Vortrag primär darum, dass die deutsche Gesetzesregelung eher an dem österreichischen Gesetzbuch orientiert sein soll und *... ähm ...* darauf habe ich auch Bezug genommen und die Schwäche eines an Österreich orientierten Unternehmensstrafrechts liegt eben darin, dass trotzdem ein Individualvorwurf benötigt werden würde und dass natürlich die repressiven Maßnahmen in keiner Weise denen der USA gleichen, also es gibt eine in Tagessätzen bemessene Geldstrafe und *... ähm ...* eine Todesstrafe für Unternehmen, wie Sie das hier angeführt haben, gibt es dort nicht und die *... ähm ...*, ich sag mal, extrem stark repressive Politik, wie sie in Amerika auch in anderen Gesetzesbereichen verfolgt wird, ist ja in Deutschland, in der deutschen Rechtsprechung und Gesetzgebung keine Option, über die man ernsthaft nachdenken würde.

5. Bewertung

Der Vortrag ist insgesamt als gelungen zu bezeichnen. Die Aufgabenstellung war nicht einfach, weil sie ein rechtspolitisches Thema aus dem Bereich des Wirtschaftsstrafrechts zum Gegenstand hat und die Kandidaten hier erfahrungsgemäß keine besonderen Erfahrungen und Vorkenntnisse vorweisen können. Zudem handelt es sich um eine „Rollenaufgabe", das heißt die oder der Vortragende hatte sich in die Position eines Rechtsexperten einzufühlen, der wohl überwiegend vor Nichtjuristen spricht und diese dazu befähigen soll, sich eine eigene Meinung zu der Problematik des Unternehmensstrafrechts zu bilden.

Das Zeitmanagement ist mit knapp acht Minuten insgesamt in Ordnung. Wie bereits erwähnt, tendieren die Vortragenden dazu, die vorgegebene Zeit eher zu unterschreiten als zu überschreiten.

Die Begrüßung mit „Liebe Parteifreunde" und die freundliche Einführung „ich möchte mich bedanken" greift die vorgegebene Rolle auf und ist demnach situationsadäquat.

Wegmarken sind gesetzt. Der Gesamtdarstellung ist eine kurze Einleitung zum Aufbau des Vortrags vorangestellt: Einführung in die Problematik, Schilderung der Rechtslage in Österreich, anschließende Diskussion der Argumente pro und contra Unternehmensstrafrecht und eine Schlussbetrachtung mit Ergebnissicherung. Diese angekündigte Darstellungsdramaturgie wird im Vortrag sodann auch eingehalten.

Im Anschluss an die Einleitung zum Aufbau des Vortrags führt der Kandidat die Mitglieder der xy Partei in die in Deutschland geltende Rechtslage ein. Vor dem Hintergrund der Tatsache, dass es sich bei den Parteimitgliedern um juristische Laien handelt, ist es durchaus angezeigt, kurz die Begriffe der natürlichen und juristischen Person zu definieren – auch wenn die gegebenen Definitionen aus rechtswissenschaftlicher Sicht ungenau und unvollständig ausfallen. Aus fachlicher Sicht ist die nachfolgende Argumentation misslungen. Bei der Schilderung der deutschen Rechtslage bleibt unklar, was mit der „Ahndung" durch das „bürgerliche und öffentliche Recht" gemeint ist. Auch der von dem Kandidaten angeführte Aspekt „harter Verurteilungen" einzelner „Personen des Unternehmens" ist weder plausibel, noch findet er sich im Aufgabentext.

Insgesamt ist daher argumentativ nicht ganz klar, welche Gesichtspunkte für die Einführung des Unternehmensstrafrechts sprechen könnten. Dieses Defizit des Vortrags betrifft aber eher dessen fachwissenschaftliche Qualität und weniger die Kompetenz des Kandidaten in den Schlüsselqualifikationen.

Die Rechtslage in Österreich wird mit einigen Sätzen nachvollziehbar skizziert, wobei sich der Kandidat zutreffend am vorgegebenen Sachverhalt orientiert.

Bei der nachfolgenden dialektischen Betrachtung der Argumente pro und contra verstrickt sich der Kandidat in lange Sätze, die teilweise inhaltlich nicht ganz nachvollziehbar sind. Die Darstellung ist hier eher verwirrend – die Kriterien „keine umständliche Satzkonstruktion", „stringente Gedankenführung" und „Prägnanz" sind nicht bzw. allenfalls bedingt erfüllt.

Anhand der Schlussbetrachtung wird sodann allerdings deutlich, welcher Standpunkt seitens des Vortragenden eingenommen wird. Der leicht umgangssprachliche Darstellungsduktus („Gesetzeschaos", „Aufwand, den wir uns getrost sparen können") dient der Klarstellung und Verdeutlichung und dürfte daher von den meisten Prüfern noch gebilligt werden.

Die recht lange und komplizierte Frage hat der Kandidat standfest beantwortet.

Zusammenfassend ist daher das Kriterium des systematischen Aufbaus, auf das in den Prüfungen erfahrungsgemäß großen Wert gelegt wird, eingehalten worden. Die Zeiteinteilung ist im Wesentlichen gelungen. Das Ergebnis wurde zusammengefasst. Der Gedankengang war hinsichtlich des Mittelteils allerdings nur bedingt nachvollziehbar. Der sprachliche Ausdruck schwankte während des Vortrags. Er ist in der Fragerunde sowie zu Beginn und am Ende des Vortrags gelungen, im Mittelteil des Vortrags fallen aber lange und intransparente Satzkonstruktionen auf, die sich auch auf die Überzeugungsfähigkeit und die Argumentationskraft auswirken.

V. Rechtspolitische Aufgabenstellung mit Bezug zum Bürgerlichen Recht, zum Jugendschutz- und Verfassungsrecht „Werbung im Kinderfernsehen"

1. Sachverhalt

Kinder bilden eine Verbrauchergruppe, die immer mehr ins Blickfeld der Marketingstrategen rückt, denn sie verfügen über eine Kaufkraft von rund sechs Milliarden Euro pro Jahr. Zudem hat die zunehmende Medialisierung zu einer Kommerzialisierung der Kindheit beigetragen.

Werbung begegnet Kindern mittlerweile überall und insbesondere im tagtäglichen Fernsehprogramm. Dabei zeigt sich, dass „Kinderwerbung" nicht nur die Kaufentscheidung der Kinder selbst, sondern auch die ihrer Eltern beeinflusst. So kann etwa in Form sog. „Quengelware" (an der Supermarkt-Kasse in Augenhöhe der Kleinkinder) über die Kinder mittelbar Druck auf die Eltern ausgeübt werden, bestimmte Produkte zu kaufen.

Um Kinder intensiver vor Werbung zu schützen, wurden auf europarechtlicher Ebene mehrere Richtlinien erlassen. Jedoch sind die einzelnen Mitgliedsstaaten im Rahmen der Richtlinienumsetzung unterschiedlicher Auffassung. Schwedische Gesetze legen zum Beispiel fest, dass im unmittelbaren Sendeumfeld von Kinderprogrammen keine Werbung geschaltet werden darf. In Deutschland ist hingegen Werbung im Umfeld von Kindersendungen erlaubt.

Argument der privaten Fernsehanbieter ist einmal, dass es ohne die Möglichkeit der Werbefinanzierung keine qualitativ überzeugenden TV-Sendungen für Kinder geben könne und die jungen Zuschauer auf andere Programme (und damit auch auf andere Werbung) ausweichen würden, welche möglicherweise weit weniger für sie geeignet seien. Zudem greife ein generelles Werbeverbot in die Kommunikationsfreiheit der Werbenden (Art. 5 GG) ein.

Fraglich erscheint außerdem, ob nicht allein die Eltern für die Erziehung ihrer Kinder zur Medienkompetenz verantwortlich sein sollten. Ein staatlicher Eingriff könnte dem elterlichen Erziehungsrecht entgegenstehen (Art. 6 GG).

2. Aufgabenstellung

Sollte Kinderwerbung in Deutschland strenger reguliert werden? Was halten Sie von einem absoluten Werbeverbot im Umfeld von Kindersendungen?

3. Vortrag des Kandidaten

Guten Tag,
ich möchte heute zu der Problematik Werbung ... *ähh* ... im Kinderfernsehen sprechen und dabei unter anderem die folgenden Aspekte beleuchten:

Erstens, sollte die Werbung im Kinderfernsehen in Deutschland mehr reguliert werden, strenger reguliert werden, und zweitens, ist vielleicht ... ähh ... sogar ein absolutes Werbeverbot im Umfeld von Kindersendungen notwendig.

Meinen Vortrag möchte ich folgendermaßen gliedern:

Nämlich möchte ich zuerst auf einige Hintergrundinformationen eingehen, danach möchte ich ... ähhm ... die Reaktion der Europäischen Union auf den dargestellten Sachverhalt vorstellen. Dann gibt es einige Argumente, die gegen diese Reaktion insbesondere der Europäischen Union sprechen. Die möchte ich dann anschließend darstellen und am Ende eine eigene Stellungnahme unter Berücksichtigung der genannten Aspekte darlegen. Und ganz zum Schluss dann daraus ein Fazit ziehen.

Hintergrund oder die Problematik des Themas Werbung im Kinderfernsehen ist, dass von Werbestrategen Kinder als Verbrauchergruppe gesehen werden und somit immer mehr in den Blickpunkt der Werbung rücken. Interessant dabei ist insbesondere, dass die Kinder eine Kaufkraft von 6 Mrd. € pro Jahr haben und dehalb natürlich eine wereberelevante Zielgruppe sind.

(kurze Pause)

Im Leben der Kinder findet eine zunehmende Medialisierung statt, woraus eine zunehmende Materialisierung folgt. Denn häufig haben schon sehr kleine Kinder, im Alter von 10 Jahren zum Beispiel, schon einen eigenen Fernseher, ein Handy und haben auch die Möglichkeit ... ähhm ... ins, auf das Internet zuzugreifen. Und deswegen, in Verbindung mit dieser starken Kommerzialisierung, nimmt auch der soziale Druck auf die Kinder zu, sich erstens, ... ähhm ... ja, dieser Medien zu bedienen und auch das Angebot, was von diesen übermittelt wird, zu nutzen.

Der ständige Kontakt mit Werbung führt zum einen dazu, dass das Kaufverhalten der Kinder beeinflusst wird und mittelbar führt es aber auch dazu, dass das Kaufverhalten der Eltern beeinflusst wird, nämlich durch die so genannte Quengelware an der Kasse, die Kindern dann noch mal insbesondere noch mal vor Augen geführt wird, und die dann ihre Eltern daraufhin ... ähh ... ansprechen, dass sie das doch gerne haben möchten.

Daraufhin hat sich die Europäische Union Reaktionen überlegt und verschiedene, oder mehrere, Richtlinien erlassen, die die Kinder vor diesem Kontakt mit der Werbeindustrie schützen sollen. Wie das bei Richtlinien so üblich ist, wurden diese unterschiedlich stark umgesetzt in den einzelnen Mitgliedsländern. Je nachdem wie dort ... ähh ... die gesetzespolitische Auffassung ist, zum Beispiel in Schweden, wurden sämtliche Werbungen im Umfeld von Kindersendungen verboten. In Deutschland ist es jedoch nach geltendem Recht jedoch erlaubt – um nur zwei Beispiele zu nennen.

Gegen die Beschränkung der Bewerbemöglichkeiten werden insbesondere von privaten Fernsehsendern ... ähh ... Argumente vorgebracht, die also gleichzeitig dahingehend zu bewerten sind, dass es also für eine Beibehaltung des geltenden Rechts in Deutschland streitet. Die sagen nämlich zum einen, dass die Finanzierung durch Werbung notwendig ist, um kompetente Sendungen für Kinder herzustellen und wenn diese Finanzierung wegfallen würde, dann würde es wiederum dazu führen, dass die Sendungen schlechter werden und die Kinder auf andere Programme zugreifen und dann diese Programme und die im Umfeld dieser Programme ausgestrahlte Werbung dann mitunter noch schlechter geeignet sei für die Entwicklung der Kinder.

Außerdem ... *ähhm* ... führen sie auch den grundrechtlichen Aspekt ins Feld, nämlich ... *ähhm* ... Artikel 5, Absatz 1, Satz 2, dass nämlich, zumindest wenn die Werbung generell verboten wird im Umfeld von Kindersendungen, dass das gegen die Kommunikationsfreiheit verstößt. Denn es heißt in Satz 2 von Artikel 5: „die Pressefreiheit und die Freiheit der Berichterstattung durch Rundfunk und Medien sind gewährleistet". Außerdem wird noch ein weiteres Grundrecht oder weiteres grundrechtliches Argument gebracht: nämlich aus Artikel 6, Absatz 2, dass nämlich die Eltern das Recht haben, ihre Kinder dahingehend zu erziehen, dass sie den Kontakt im Umgang mit Medien lernen und dazu gehöre auch die Werbung und deswegen sei ein generelles Werbeverbot auch problematisch in Hinblick auf Artikel 6, Absatz 2.

Nachdem ich die verschiedenen Aspekte und Ansichten dargestellt habe, möchte ich nun meine eigene Ansicht dazu vorbringen.

Ich möchte dabei zunächst auf ein generelles Werbeverbot eingehen. Man könnte dafür anführen, dass ein generelles Werbeverbot notwendig ist, dass wenn die Kinder überhaupt keinen Kontakt mit Kinderwerbung haben, natürlich der Schutz am effektivsten ist. Und so könnte auch die Kommerzialisierung eingedämmt werden. Dass ... *ähhm* ... das Kaufverhalten nicht auf bestimmte Gegenstände gelenkt wird und deswegen die Kinder auch nicht das Bedürfnis haben, diese Gegenstände zu bekommen. Als weiteres Argument für ein generelles Verbot könnte Artikel 6, Absatz 1 angeführt werden, denn da ... *ähhm* ... wird angeführt, dass Ehe und Familie, und damit auch die Kinder, unter besonderem Schutz der staatlichen Ordnung stehen. Das heißt, der Staat hat die Aufgabe, die Kinder zu schützen.

Gegen ein generelles Verbot ist allerdings anzuführen, dass die Kinder den Umgang mit Medien lernen müssen und damit auch den Umgang mit Werbung lernen müssen. Und als besonderes wichtiges Argument wird insbesondere vom Privatfernsehen Artikel 5 Absatz 1, Satz 2, der schon Erwähnte, angeführt, nämlich dass es ein unzulässiger Grundrechtseingriff sei. Dazu muss man sagen, dass es natürlich fraglich ist, ob dieses Grundrecht auch ein Recht auf Werbung quasi garantiert und gerade im Absatz 2 des Artikels 5, „Gesetze der Jugend", als besondere Schranken dieses Grundrechts sogar aufgeführt werden. Jedoch muss man sagen, dass die Werbung bei Privatfernsehsendern die Haupteinnahmequelle ist und wenn diese Quelle abgeschnitten würde, dann ... *ähhm* ... wäre das zu mindestens ein mittelbarer Eingriff, der jedoch sehr schwer wiegen würde. Deswegen ist ein generelles Verbot meines Erachtens nicht mit dem Grundgesetz vereinbar. Dann bleibt die Frage: Sollte man es strenger regulieren? Da kann man zunächst sagen, es gibt schon bestehenden Schutz, nämlich das Minderjährigenrecht des BGB, der Genehmigungsvorbehalt zum Beispiel in §§ 107, 108. Und was es auch noch gibt, in bestimmten Supermärkten, sind so gewisse süßwarenfreie Kassen, dass ... *ähhm* ... Gegenstände, die die Kinder besonders gern mögen, halt nicht ihnen besonders ins Blickfeld geführt werden.

Für eine strengere Regulierung spricht meines Erachtens, dass die Sachen, die beworben werden, und die, die die Kinder daraufhin gern haben möchten, oft besonders teuer – meines Erachtens sogar übberteuert sind – und dass so ... *ähhm*

... ja die Kommerzialisierung sehr stark ausgebeutet wird, oder dass, ja, dass das Begehren der Kinder sehr stark kommerzialisiert wird. Und außerdem würde meines Erachtens Artikel 5, Absatz 2 eine solche Schranke rechtfertigen.

... *Ähhm* ... dagegen spricht aber ganz klar ... *ähhm* ..., dass die Kontrolle durch die Eltern ausreichend ist, dass zweitens ... *ähhm* ... durch das Sehen von Trickfilmen die Kinder mit ihren Lieblingsfiguren ... *ähh* ... sowieso konfrontiert sind und wenn sie die dann im Geschäft sehen, die dann trotzdem gerne haben möchten. Und als besonders ... als besonders ... *ähh* ... was besonders die Ineffizienz einer solchen Werbebeschränkung zeigt, ist meines Erachtens nach das Verbot der Tabakwerbung, was auch nicht wesentlich zum Rückgang des Tabakkonsums geführt hat.

Deswegen möchte ich schließen mit dem Fazit, dass ein generelles Verbot verfassungswidrig ist und eine strengere Regulierung meines Erachtens nicht ... *ähh* ... effizient ist.

Dankeschön.

Prüfer: Herzlichen Dank. (Vortragsende nach 5:17 min)

4. Beurteilung

Das Hauptproblem des vorliegenden Vortrags liegt in der erheblichen Unterschreitung des zur Verfügung stehenden Zeitbudgets. Ursache hierfür war vor allem die viel zu schnelle Sprechweise des Kandidaten. Die Einhaltung der zeitlichen Vorgaben ist ein Umstand, auf den Prüfer in den Juristischen Schlüsselqualifikationen – schon aufgrund der einfachen Messbarkeit – erfahrungsgemäß großen Wert legen. Hierauf ist deshalb seitens der Kandidaten besonders zu achten!

Der Vortrag beginnt mit einer etwas schüchternen Begrüßung. Besser wäre zum Beispiel in der Prüfung: „Sehr geehrte Frau Vorsitzende, sehr geehrte Kommissionsmitglieder" oder „Sehr geehrte Damen und Herren", sofern die Kommission tatsächlich mit Prüfern beiderlei Geschlechts besetzt ist.

Etwas irreführend wirkt sodann der Problemaufriss. Sollte es sich um ein vorweggenommenes Ergebnis handeln (erstens: strengere Regulierung, zweitens: Werbeverbot im Kinderfernsehen), stimmt dieses nicht mit dem Fazit überein. Sollte es sich demgegenüber um eine Einführung in die Problematik handeln, wirkt die Aufzählung deplaziert. Die nachfolgend geschilderte Gliederung ist allerdings gelungen und wird im Vortrag, der die einzelnen Elemente durch „Wegmarken" wieder aufgreift (z.B. „Nachdem ich die verschiedenen Aspekte und Ansichten dargestellt habe, möchte ich nun meine eigene Ansicht dazu vorbringen"), auch entsprechend ausgeführt.

Sprachlich und inhaltlich gibt der Vortrag keinen Grund zu wesentlichen Beanstandungen. Die in die Aufgabenstellung eingearbeiteten verfassungsrechtlichen Aspekte der Problematik werden von dem Kandidaten aufgegriffen und durchaus kenntnisreich reproduziert. Manche Sätze sind zu lang, so dass die Argumentation insoweit nicht ganz transparent wirkt. Eine rhetorische Figur (eine Alliteration) wurde geschickt eingesetzt („Im Leben der Kinder findet eine zunehmende *M*edialisierung statt, woraus eine zunehmende *M*aterialisierung folgt).

Zusammenfassend bestehen Optimierungsmöglichkeiten hinsichtlich des Zeitmanagements (Training langsamerer Sprechweise) und des Satzbaus (kürzere, prägnante Sätze) im Hauptteil.

§ 7 Bisherige Erfahrungen aus den Workshops zu den Schlüsselqualifikationen, aus Prüfungssimulationen und mündlichen Prüfungen

I. Erfahrungen

Die Verfasser konnten in mehr als 70 Workshop-Vorträgen sowie über 20 Prüfungen und Prüfungssimulationen verschiedene Erfahrungen mit der neuen Examensprüfungsleistung auf dem Gebiet der Juristischen Schlüsselqualifikationen sammeln. Diese betreffen namentlich die Thematik der Aufgaben, den Einfluss der Form der Aufgabenstellung, die Bedeutung des Umfangs und der inhaltlichen Aufbereitung der Aufgabe, die Bewältigung der Vortragsform durch die Prüflinge, das Verhalten der Kandidaten in der Fragerunde und die bisherige Bewertungspraxis der Prüfer. Aus diesen Erfahrungen lassen sich verschiedene Überlegungen für die zukünftige Gestaltung der Aufgaben, der Ausbildung von Schlüsselqualifikationen an der Universität sowie der Prüferschulung herleiten.

1. Erfahrungen mit den Themen der Aufgaben

Eine der bemerkenswerten Erkenntnisse aus den bisherigen Vorträgen ist, dass Aufgaben, die auf mehreren Rechtsgebieten angesiedelt sind, den Studierenden erhebliche Schwierigkeiten bereiten. Obwohl gerade diese Aufgaben vielfältige Möglichkeiten bieten, das eigene Wissen zu präsentieren und besonders viele Argumente einzubringen, werden demgegenüber Aufgaben aus einem klar bestimmbaren Kernrechtsgebiet (etwa dem öffentlichen Recht) bevorzugt.

Bemerkenswert ist zum Zweiten, dass die Aktualität eines Themas keine Gewähr dafür bietet, dass die Studierenden sich mit der Thematik beschäftigt haben. Als ein klassisches Beispiel dafür ist die seit langem diskutierte Frage einer Länderneugliederung zu nennen. Obwohl zu dieser Problematik einer möglichen Reduktion der derzeit 16 Bundesländer auf eine Zahl von etwa 6 bis10 Ländern kurz vor dem Workshop mehrere Artikel in verschiedenen Tageszeitungen und im Internet publiziert worden waren, kamen die Studierenden mit dieser Aufgabe nicht gut zurecht. Anders hingegen mit einer Aufgabe, die sich mit der Frage der Einführung eines Familienwahlrechts beschäftigte. Ein Erklärungsgrund hierfür mag sein, dass die Thematik Familienwahlrecht in verschiedenen Lehrbüchern zum Staatsrecht ausführlich besprochen wird und vielleicht etwas greifbarer und anschaulicher ist, als die Problematik der Länderneugliederung.

Zu erwähnen ist drittens, dass der juristische Schwierigkeitsgrad einer Aufgabe keinen verlässlichen Hinweis darauf gibt, wie die Vortragenden die Aufgabe bewältigen. Scheinbar ganz einfache Aufgaben erwiesen sich als echte Hindernisse, aus Prüfersicht schwierige Aufgaben wurden dagegen mit Bravour bewältigt.

Was die Erfahrung mit bestimmten Kernrechtsgebieten der Rechtswissenschaft angeht, so können beispielsweise für Themen aus dem Bereich des öffentlichen Rechts folgende Erfahrungen berichtet werden. Auffällig ist hier, dass staatsorganisationsrechtliche Themen schlechter bewältigt werden als grundrechtsbezogene Aufgaben. Themen, die auf verfassungsgeschichtliche Aspekte rekurrieren, werden weniger gut bewältigt als Aufgaben, die ausschließlich auf die gegenwärtige Rechtslage abstellen. Verwaltungsrechtsbezogene Aufgaben führen in aller Regel zu desaströsen Vorträgen. Dies mag damit zusammenhängen, dass das Verwaltungsrecht relativ spät am Ende der Juristischen Ausbildung gelehrt wird und außerdem den Studierenden die notwendigen praktischen Kenntnisse über die Funktionsweise von Verwaltung und Verwaltungsrecht fehlen.

Für das Zivilrecht ließ sich beobachten, dass diese Aufgaben den Workshop-Teilnehmern oftmals Schwierigkeiten und Unbehagen bereiteten. Dies schlug sich zum Beispiel auch darin nieder, dass die Kandidaten eines zivilrechtlichen Workshops zu den Juristischen Schlüsselqualifikationen darum baten, nicht gefilmt zu werden. Im Strafrecht ergab sich ein gemischtes Bild. Die Qualität der Vorträge schien hier in keinem Zusammenhang zu dem Schwierigkeitsgrad der Aufgabenstellung zu stehen.

2. Erfahrungen mit der Form der Aufgabenstellung

Die oben beschriebenen verschiedenen drei Haupttypen von Aufgabenstellungen haben sich in der Praxis ganz unterschiedlich bewährt. Große Schwierigkeiten bereiten den Vortragenden Aufgaben mit mehreren Teilfragen. Auch Aufgaben mit vorgegebener Strukturierung der Antwort werden von den Studierenden relativ schlecht bewältigt. Gelungener wurden die Vorträge meist dann, wenn es sich um Aufgaben mit der Möglichkeit eigener Positionierung handelte. Es überrascht daher auch nicht, dass diese Aufgaben bei den Studierenden ganz überwiegend Anklang finden.

Keine Zustimmung finden schließlich Aufgaben, die als Rollenspiele ausgestaltet sind. Bei solchen Rollenspielen soll der Vortragende sich in die Lage einer anderen Person versetzen, beispielsweise in die Position eines Beraters, einer Landtagsabgeordneten oder in die Rolle einer Rechtsexpertin/eines Rechtsexperten, der ausschließlich vor juristischen Laien spricht (vgl. die Aufgabe zum Unternehmensstrafrecht in § 6). Hiermit haben Studierende große Schwierigkeiten, weil sie sich mangels eigener Erfahrungen wenig darunter vorzustellen vermögen. Solche Aufgaben sind vom Justizprüfungsamt des Freistaates Sachsen in den Prüfungssimulationen und Prüfungen bisher allerdings noch nicht gestellt worden. Lediglich in der akademischen Ausbildung wurden sie vereinzelt eingesetzt.

3. Erfahrungen mit dem Umfang bzw. der Aufbereitung der Aufgabe

Da viele Studierende den Vortrag bereits selbst als eine starke Stresssituation erleben, überrascht es nicht, dass Hilfestellungen im Aufgabentext gern angenommen werden. D.h., Aufgaben mit bereits aufbereiteten Argumenten werden von den Studierenden bevorzugt. Ebenso werden Aufgaben favorisiert, die mit ⅔ Seite eine mittlere Länge aufweisen. Erhebliche Probleme bereiten den Studierenden Aufgaben, die eine volle DIN A-4-Seite ausmachen und besonders klein bedruckt sind, sowie die Aufgaben, die einen Zeitungsartikel ungekürzt und ohne jede inhaltliche Aufbereitung wiedergeben. Bei diesen kommt es in der Regel zu Zeitüberschreitungen beim Vortrag.

4. Erfahrungen mit der Form des Vortrags

Bei den mehr als 70 Workshop-Vorträgen sowie den mehr als 20 Prüfungen und Prüfungssimulationen, die von den Verfassern bisher gehört wurden, zeichnete sich zum einen ab, dass die zeitliche Vorgabe von 10 bzw. 5 Minuten ganz überwiegend von den Vortragenden eingehalten wird. Auch die formal technischen Aspekte eines Vortrages werden – nach entsprechender Vorausbildung – ganz überwiegend beherrscht. Allerdings steht die rhetorische Qualität bzw. die Überzeugungskraft des Vortrags im direkten Zusammenhang mit den Rechtskenntnissen des Vortragenden. So führen Defizite in den Rechtskenntnissen zu genereller Unsicherheit, etwa in Form unklarer Körpersprache, abschweifender Blicke sowie an einem starren Festhalten am Vortragsmanuskript. Rechtliche Unwissenheit der Kandidaten auf dem Feld der gestellten Aufgabe führt des Weiteren zu wirrer Argumentation und ungenauer Sprache. Außerdem hat sie in der Regel die Wirkung, dass der Vortrag relativ kurz ausfällt. Dies überrascht nicht, weil der Vortragende nach einer gewissen Zeit einfach „nichts mehr zu sagen" hat.

5. Erfahrungen mit der Fragerunde

Die Fragerunde wird von den Studierenden ganz überwiegend als unangenehm empfunden. Wer zuvor unsicher war, zeigt hier in noch größerem Maße Ängste und Verlegenheiten. Dies mag zum einen damit zusammenhängen, dass in der Fragerunde Prüfer dazu tendieren, Fachwissen abzufragen, anstatt z.B. Widersprüche in der Argumentation der Redner anzusprechen. Auch neigen viele Prüfer dazu, selbst sehr lang zu sprechen, bevor sie eine Frage oder Gegenthese formulieren. Dies erhöht bei den Prüflingen den Stress, weil ihre Antwortzeit erheblich eingeschränkt wird und sie bei unklarer Frage nur schwer erraten können, worauf die Prüfer eigentlich hinaus wollen.

6. Erfahrungen mit der Bewertung des Vortrags

Einige Justizprüfungsämter haben, wie schon erwähnt, einen Bewertungsbogen für die Prüfer zur Verfügung gestellt. Ein Beispiel eines solchen Bewertungsbogens ist im Anhang des Buches abgedruckt. Die Bewertungsbögen können nach der Erfahrung der Verfasser jedoch nur eine Hilfe für die Prüfer sein, keinesfalls aber eine bindende Vorgabe. Dies liegt neben prüfungsrechtlichen Gründen u.a. auch daran, dass die Bewertungsbögen einerseits zu viele und andererseits zu wenige Schlüsselqualifikationskriterien enthalten. Auch können die Ergebnisse der einzelnen Kriterien und Bewertungsblöcke nicht ohne weiteres summiert werden; entscheidend muss der Gesamteindruck des Vortrags bleiben. Zu betonen ist aber, dass die Bewertungsbögen in einer Hinsicht eine große Hilfe sind. Sie unterstreichen nämlich, dass es in erster Linie auf die Schlüsselqualifikationskriterien ankommt und nicht auf die juristisch korrekte „Lösung" des „Falles". Diese Betonung ist erforderlich, weil viele Prüfer dazu tendieren, die juristische Richtigkeit eines Vortrags zu stark zu berücksichtigen.

Für die Bewertung spielt auch eine Rolle, welche Vorkenntnisse ein Prüfer von der Thematik der gestellten Aufgabe hat; in manchen Fällen haben sie sogar entscheidenden Einfluss auf die Bewertung. In der Praxis hat sich nämlich gezeigt, dass die Prüfer, aus deren Fachgebiet die Aufgabe stammt, dazu tendieren, in die Bewertung vor allem die in dem Vortrag zum Ausdruck kommenden Rechtskenntnisse einfließen zu lassen. Die „fachfremden" Prüfer achten demgegenüber mehr auf den Vortragsstil und auf die Schlüsselqualifikationen. Es ist deshalb für die Examenskandidaten hilfreich, dass die Prüfungskommission mit Prüfern aus allen Fachgebieten besetzt ist.

Von Gewicht werden aller Voraussicht nach aber Beobachtungen bleiben, die die Fragerunde betreffen. So ist zum einen festzustellen, dass die Fragerunde häufig nicht angemessen in die Gesamtbewertung der Examensleistung einfließt. Wenn sie aber einfließt, führt die Fragerunde häufig zu Abschlägen in der Bewertung und nicht zu Verbesserungen. Eine der Gründe für diesen Umstand mag sein, dass wie oben bereits angedeutet, die Fragerunde für die meisten Studierenden eine extreme Stresssituation ist und die vorhandene eigene Unsicherheit noch verstärkt. Es ist deshalb dringend anzuraten, dass Sie sich auf die Fragerunde gezielt vorbereiten. Dies geschieht am besten mit Hilfe einer Arbeitsgruppe, in der das Frage- und Antwortspiel besonders trainiert wird.

II. Hinweise für Prüfer

Aus den bisherigen Erfahrungen mit Prüfungssituationen und -simulationen lassen sich folgende Hinweise für Prüfer ableiten:

- Achten Sie darauf, dass der Vortrag zu den Juristischen Schlüsselqualifikationen und die nachfolgende Diskussion keine antizipierten Fachprüfungen im Öffentlichen Recht, im Bürgerlichen Recht oder im Strafrecht darstellen.
- Insbesondere die fachfremden Prüfer haben deshalb die Aufgabe, sich auf die Vortragstechnik und die rhetorische Gestaltung des Vortrags zu konzentrieren

und den Fachprüfer darin zu bremsen, Defizite in den Rechtskenntnissen zu stark zu gewichten.
- In der Fragerunde empfiehlt es sich, den Kandidaten mit identischen Vortragsthemen dieselben Fragen zu stellen. Dies stellt die Vergleichbarkeit der Leistung in der Fragerunde sicher.

III. Ausblicke

Aus den bisher gewonnenen Erfahrungen lassen sich natürlich auch bestimmte Konsequenzen für die zukünftige Ausbildung von Schlüsselqualifikationen und die Prüfungspraxis ziehen. Für Sie als Examenskandidaten lautet eine Schlussfolgerung, dass Sie so viele Vortragsgelegenheiten wie möglich wahrnehmen und intensiv Vortrag und Fragerunde üben sollten. Deshalb: Wenn Sie in der Zeitung oder in einer juristischen Fachzeitschrift ein Ihnen interessant erscheinendes aktuelles Rechtsproblem lesen, nehmen Sie kurzerhand die Gelegenheit wahr und machen Sie hieraus einen 10-minütigen Vortrag, den Sie vor Ihrer Familie und Freunden dann anschließend halten. Außerdem haben wir Ihnen im Anhang verschiedene Aufgabenstellungen zusammengestellt, mit denen Sie zum Beispiel auch in ihrer Lerngruppe üben können.

Für die Prüfer ergibt sich aus den bisherigen Erfahrungen, dass auch sie jede Gelegenheit wahrnehmen sollten, an Prüfungssimulationen teilzunehmen und sich insbesondere auf dem Feld der Schlüsselqualifikation weiterzubilden. Prüferschulungen sind deshalb nachdrücklich von den Justizprüfungsämtern zu fordern. Zur Unterstützung der Prüfer dient auch dieses Buch, mit dem eine entsprechende theoretische Einführung vorliegt.

Wichtig ist außerdem, dass die Justizprüfungsämter ihre Bewertungsbögen einer ständigen Prüfung und Fortentwicklung unterziehen. Das Sächsische Justizprüfungsamt steht im ständigen Dialog mit den Hochschullehrern der Juristenfakultät der Universität Leipzig und hat basierend auf den Erfahrungen, nicht zuletzt der Verfasser dieses Buches, seinen Bewertungsbogen erst vor kurzem unter Berücksichtigung der Erkenntnisse aus der Lehre entsprechend angepasst.

§ 8 Kommentierte Standardbibliothek zu den Schlüsselqualifikationen

Die vorliegende Einführung in die Juristischen Schlüsselqualifikationen legt ihren Schwerpunkt bei der Examensvorbereitung und versteht sich vor allem auch als Anleitungsbuch für gelungene Vorträge und Referate. Die nachfolgende kommentierte Standardbibliothek ermöglicht Ihnen eine Vertiefung des Stoffes anhand aus unserer Sicht empfehlenswerter Werke, die über die Materie der Schlüsselqualifikationen insbesondere auch aus nichtjuristischer Sicht informieren.

I. Allgemeines zu „Schlüsselqualifikationen"

1. Fredmund **Malik**, Führen – Leisten – Leben. Wirksames Management für eine neue Zeit. (in verschiedenen Ausgaben bei verschiedenen Verlagen erschienen. Neueste Ausgabe beim Campus Verlag Frankfurt, New York 2006)

Der etwas eigentümliche Titel sollte Sie nicht abschrecken. Es handelt sich um ein ganz vorzügliches Werk eines in Wirtschaftskreisen bekannten und geschätzten Hochschullehrers aus St. Gallen zu einer ganzen Fülle von Themen, mit denen sich jeder Verantwortliche in leitender Stellung und damit auch ein Jurist in seiner Eigenschaft als Führungskraft auseinandersetzen muss. Beispielsweise behandelt das Buch Fragen der Zielfindung, der Organisation, des Entscheidens und der persönlichen Arbeitsmethodik sowie des Verfassens und Haltens von Berichten – und dies in einer wohltuend klaren und verständlichen Sprache.

2. Kerstin **Stender-Monhemius**, Schlüsselqualifikationen. Zielplanung, Zeitmanagement, Kommunikation, Kreativität. München: C.H. Beck 2006

Eine knapp gefasste Einführung zu den im Titel genannten Schlüsselqualifikationen für den ersten Überblick.

3. Volker **Römermann**/Christoph **Paulus** (Hrsg.), Schlüsselqualifikationen für Jurastudium, Examen und Beruf. München: C.H. Beck 2003 (Kurzlehrbücher für Studium und Praxis)

Ein Sammelband mit in der Qualität schwankenden Beiträgen zu verschiedenen „Schlüsselqualifikationen" wie etwa Verhandlungsmanagement, Gesprächsführung, Rhetorik, Streitschlichtung, Mediation, Vernehmungslehre, Kommunikationsfähigkeit und sprachlicher Kompetenz sowie zu juristischen Berufsfeldern. Vorzüglich und deshalb insgesamt empfehlenswert: Der Beitrag von *Gräfin v.*

Schlieffen zur Rhetorik, der überdies viele weiterführende Literaturhinweise enthält.[114]

II. Speziell zur Rhetorik und zur Vortragstechnik

1. Norbert **Franck**, Rhetorik für Wissenschaftler. Selbstbewusst auftreten, selbstsicher reden. München: Vahlen 2001

Nicht nur für Wissenschaftler geeignet ist dieses hervorragende Buch zur Vortragstechnik, das mit vielen Beispielen anschaulich die „gute Praxis" eines ausgezeichneten Vortrags vermittelt.

2. Dale **Carnegie**, Besser miteinander reden. Frankfurt: Fischer Taschenbuch Verlag 2003

Ein populäres, in gewisser Weise sehr amerikanisches Buch, das aber viele gute Ratschläge für eine gelungene Rede enthält. Nicht alle Vorschläge sind allerdings für einen streng juristischen Vortrag geeignet, in vielen Alltagssituationen sind sie aber durchaus brauchbar. Über die manchmal etwas aufdringlich propagierte „Lebensphilosophie" des Autors sollten Sie sich Ihre eigenen Gedanken machen.

3. Wolfgang **Gast**, Juristische Rhetorik, 4. Auflage. Heidelberg: C.F. Müller 2006

Eine umfangreiche Darstellung nahezu aller Facetten der juristischen Rhetorik und Argumentationskunst. Sehr anschaulich geschrieben. Zur Vertiefung vieler Fragen bestens geeignet. Der Wermutstropfen aus studentischer Sicht: In höheren Preisregionen angesiedelt.

4. Der besondere Tipp: Immer noch lesenswert zum Verhältnis von mündlicher Rede bzw. mündlichem Vortrag und der (gleichzeitigen) Entstehung von neuen Gedanken beim Reden ist die kleine Abhandlung von Heinrich von **Kleist**, Über die allmähliche Verfertigung der Gedanken beim Reden.

Diese kleine Prosaschrift (je nach Druck zwischen 5-10 Seiten) ist in jeder Kleist-Gesamtausgabe enthalten.

III. Speziell zur Kunst der Argumentation

1. Jürgen August **Alt**, Richtig argumentieren oder wie man in Diskussionen Recht behält, 6. Auflage. München: C.H. Beck 2004

---

[114] Vgl. hierzu die Rezension von *Dauner-Lieb*, NJW 2004, 434: „Klug und elegant macht Gräfin von Schlieffen augenfällig, dass Rhetorik doch ein bisschen mehr ist als ein gefälliges Begleitgeräusch zur unvermeidlichen PowerPoint-Präsentation".

Ein kleines, aber ganz ausgezeichnetes Werk über Argumentation, das über Grundlagen der Argumentationslehre ebenso präzise informiert wie über typische Fehler beim Argumentieren sowie die gute Präsentation von Argumenten und die vernünftige Argumentation in Gesprächen und Diskussionen. Im Anhang viele weiterführende Literaturhinweise.

2. Hubert **Schleichert**, Wie man mit Fundamentalisten diskutiert, ohne den Verstand zu verlieren. Anleitung zum subversiven Denken, 4. Auflage. München: C.H. Beck 2005

Eine exzellente Einführung in die Argumentationskunst, die in ihrer philosophischen Grundhaltung ganz den Traditionen der europäischen Aufklärung und des Humanismus verpflichtet ist. Zugleich ein vorzügliches Hilfsmittel, um die rhetorischen Tricks von Fundamentalisten und Fanatikern verschiedener Ideologien, Weltanschauungen und Religionen zu durchschauen und in Diskussionen abzuwehren. In der Literaturliste finden sich viele Leseanregungen, speziell zu den großen Denkern der englischen und französischen Aufklärung.

3. Arthur **Schopenhauer**, Die Kunst, Recht zu behalten. Verschiedene Ausgaben. Wohlfeil die Ausgabe bei Insel, Frankfurt 1995.

Ein Klassiker, der eine wahre Fundgrube von Kniffen und Tricks bereithält.

IV. Speziell zur Gesprächsführung

Christian-Rainer **Weisbach**, Professionelle Gesprächsführung. 6. Auflage. München: C.H. Beck 2003 (Beck-Wirtschaftsberater im dtv)

Ein auf der Philosophie der Stoa basierendes Werk eines Tübinger Hochschullehrers über die Kunst der Gesprächsführung, das in seiner anschaulichen und praxisnahen Art zugleich tiefe Einblicke in menschliche Denk- und Entscheidungsprozesse vermittelt. Besonders lesenswert: Die Kapitel über Gesprächsstörer und Gesprächsförderer sowie der Abschnitt „Für die Ohren des anderen argumentieren".

V. Speziell zu Fragen der Selbstorganisation und zum Zeitmanagement

1. Manfred **Helfrecht**, Planen, damit's leichter geht, Band I und II, jeweils 7. Auflage. Bad Alexandersbad: HelfRecht Verlag 1999

Vor allem Band 2 dieses Klassikers der Selbstmanagementliteratur beschäftigt sich recht anschaulich mit Fragen der Zeitplanung, der Arbeitsorganisation und darüber hinaus der persönlichen Lebensplanung. In dieser Hinsicht zum Teil mit wirklich hilfreichen Anregungen. Die hinter diesem Werk stehenden Grundaussagen über menschliches Verhalten und Denken sollten allerdings nicht ungeprüft übernommen, sondern einer kritischen Reflektion unterzogen werden. Diese letztere Bemerkung gilt auch für die nachfolgenden Werke.

2. Stephen R. **Covey**, Die sieben Wege zur Effektivität. Ein Konzept zur Meisterung ihres beruflichen und privaten Lebens. (Verschiedene Ausgaben erhältlich, zuletzt Gabal 2005)

Noch ein Klassiker, diesmal aus der amerikanischen Managementliteratur, zu verschiedenen „Prinzipien" der „persönlichen Vision", der „persönlichen Führung", des „persönlichen Managements, des „sozialen Führungsverhaltens", der „empathischen Kommunikation", der „kreativen Kooperation" und der „ausgewogenen Selbst-Erneuerung".

3. **Institut für Beratung und Training** (Katharina **Dietze**), Mit Pep an die Arbeit. So organisiere ich mich und meinen Job (neueste Ausgabe Frankfurt/New York: Campus Verlag 2005)
4. **dieselben**, Zeitgewinn mit Pep. Wie Sie sich und ihren Computer besser organisieren (neueste Ausgabe Frankfurt/New York: Campus Verlag 1998)

Zwei Bücher, die viele Anregungen für die persönliche Arbeitsorganisation enthalten. Probieren Sie einige Tipps ruhig aus, aber zögern Sie mit großen Anschaffungen von Arbeitsakten, Ablagesystemen und dergleichen, bevor Sie nicht sicher sind, dass die Vorschläge Ihnen wirklich weiter helfen.

5. Lothar J. **Seiwert**/(Ann **Mc Gee-Cooper**), Wenn du es eilig hast, gehe langsam. Das neue Zeitmanagement in einer beschleunigten Welt. Verschiedene Ausgaben, Frankfurt/New York: Campus Verlag broschiert 2005, Frankfurt/New York: Campus Verlag gebunden 2003.

Ein Bestseller, der viele gute Vorschläge zur Arbeitsmethodik und Zeitplanung unterbreitet, aber durch die zum Teil recht autoritär formulierten Anweisungen auch Fragen an der Allgemeingültigkeit der vertretenen Behauptungen aufwirft. Besondere Skepsis ist hinsichtlich der Empfehlung zur Anschaffung bestimmter Zeitplansysteme geboten.

Neuerdings finden sich auch im Internet verschiedene Angebote zu „Schlüsselqualifikationen". Eine gesunde Skepsis gegenüber den dort erteilten Ratschlägen ist aber auch hier angebracht (Motto: „Man darf nicht alles glauben, was man liest.").[115] Hilfreich können die folgenden Seiten sein, die indes nicht völlig frei zugänglich sind, sondern zum Teil auch kostenpflichtige Informationen enthalten:

- http://www.methode.de (umfassende Ratschläge zu Fragen des Selbstmanagements, der beruflichen Strategie, der Kommunikation etc.)
- http://www.komma-net.de/rb/startk.asp („Der neue Redenberater") (speziell zur Frage: Wie halte ich eine gute Rede?)

---

[115] Getreu dem Wahlspruch der Aufklärung: „Sapere aude! Habe Mut, dich deines *eigenen* Verstandes zu bedienen!" (Immanuel Kant).

- http://www.zeitzuleben.de/index.html (zum Teil mit brauchbaren Vorschlägen zu typischen Problemen der Selbstorganisation, mitunter aber auch mit etwas esoterisch gefärbten Vorstellungen)

Zum Abschluss dieses Abschnitts noch eine allgemeine Empfehlung. Hilfreich, manchmal auch entmutigend, aber in gewissem Sinne auch wiederum tröstlich kann die Lektüre über die Arbeitsgewohnheiten „berühmter" und „erfolgreicher" Persönlichkeiten sein, die Sie aus dem Studium verschiedener Selbstbeschreibungen und Biographien der „Großen" destillieren können. Recht anschaulich hat diese Methoden und Techniken einiger „Berühmtheiten" Wolf **Schneider** in seinem Buch „Die Sieger" (2. Auflage München: Piper Taschenbuch Verlag 1997) in Kapitel 17 beschrieben. Lesenswert dort auch Kapitel 30. Danach werden Sie vielleicht einige „Große" mit anderen Augen sehen. Möglicherweise sind einige „Größen" dann keine „Großen" mehr ...

> Allgemeiner Tipp deshalb: Lesen Sie Biographien. Kaum eine andere Literaturgattung kann Ihnen bessere Informationen über Menschen und ihr Verhalten verschaffen, und diese Kenntnisse können für das Verständnis und die Anwendung von „Schlüsselqualifikationen" enorm hilfreich sein.

VI. Sonstiges

1. Fritjof **Haft**, Einführung in das juristische Lernen. Unternehmen Jurastudium, 6. Auflage.- Bielefeld: Gieseking 1997

Ein Buch, in das Sie ruhig mal einen Blick werfen sollten. Ein Werk mit einem innovativen Ansatz, das mehr als nur juristische Arbeitstechnik vermittelt und Ihnen zum Erfolg beim „Unternehmen Jurastudium" dienlich sein kann.

2. Harro **von Senger**, Die Kunst der List. Strategeme durchschauen und anwenden.- München: C. H. Beck 2001

Ein kleines Buch über strategisches Denken und verschiedenen Techniken zur Erreichung von kurz- und langfristigen Zielen.

3. Baltasar **Gracian**, Handorakel und Kunst der Weltklugheit. Verschiedene Ausgaben. Die beste ist die bei Kröner erschienene Ausgabe in der kongenialen Übersetzung von Schopenhauer.

Eine vergnügliche und lehrreiche Lektüre über menschliches Verhalten, Denken und Streben aus dem 17. Jahrhundert, die schon *Goethe* und *Schopenhauer* inspiriert hat. Ein Buch über im weitesten Sinne „Schlüsselqualifikationen".

VII. Ausblick

Letztendlich führen Fragen der Rhetorik, Gesprächsführung, Mediation, Selbstorganisation etc. zu den dahinter stehenden Problemen der menschlichen Psychologie und der Anthropologie. In diese Materien, die mittlerweile bedeutende eigenständige Wissenschaftszweige geworden sind, müssen Sie nicht unbedingt vertieft eintauchen, aber vielleicht gewinnen Sie als Jurist Interesse an – wie *Gräfin v. Schlieffen* sie nennt – „Klugheitslehren" als „kondensierte humane Erfahrungen" (*Ballweg*). Wenn Sie sich mit diesen Dingen beschäftigen wollen, bieten sich neben dem schon erwähnten Gracian folgende klassische Texte an (in chronologischer Reihenfolge und ohne Anspruch auf Vollständigkeit):

- **Marc Aurel,** Selbstbetrachtungen
- **Yoshida Kenko,** Betrachtungen aus der Stille
- **Machiavelli**, Der Fürst
- **Montaigne**, Essais
- **Lichtenberg**, Sudelbücher
- **Knigge**, Über den Umgang mit Menschen
- **Schopenhauer,** Aphorismen zur Lebensweisheit
- **Emerson,** Essay on Self Reliance
- **James,** Pragmatismus
- **Adorno,** Minima Moralia
- Ein schöner Sammelband auf diesem Feld herausgegeben von **Josef M. Werle** ist „Klassiker der philosophischen Lebenskunst", Goldmann 2000

Viel Vergnügen bei der Lektüre!

Anhang

I. Bewertungsbogen Sachsen

1. Systematischer Aufbau
- ☒ Gliederung ist erkennbar
- ☒ Gedankengang ist nachvollziehbar
- ☒ Zeiteinteilung
- ☒ Ergebnis wird zusammengefasst

0	1	2	3	4	5	6
	7	8	9	10	11	12
	13	14	15	16	17	18

2. Problemerfassung/Aufgabentreue
- ☒ Fragestellung wird richtig aufgegriffen
- ☒ richtige, sachgerechte Gewichtung
- ☒ verdeutlichte rechtliche Problematik

0	1	2	3	4	5	6
	7	8	9	10	11	12
	13	14	15	16	17	18

3. Sprachlicher Ausdruck/Redetechnik
- ☒ treffende Wortwahl
- ☒ klar, prägnant
- ☒ keine umständliche Satzkonstruktion
- ☒ Mimik, Gestik, Blickkontakt
- ☒ freie Rede

0	1	2	3	4	5	6
	7	8	9	10	11	12
	13	14	15	16	17	18

4. Überzeugungsfähigkeit/Argumentationskraft
- ☒ eigenen Standpunkt offen/offensiv vorbringen
- ☒ Beschränkung auf das Wesentliche
- ☒ stringente Gedankenführung
- ☒ bewegliche Argumentation

0	1	2	3	4	5	6
	7	8	9	10	11	12
	13	14	15	16	17	18

5. Eingehen auf Fragen
- ☒ zutreffende Frageerfassung
- ☒ Wahrung der Sachebene
- ☒ Standfestigkeit

0	1	2	3	4	5	6
	7	8	9	10	11	12
	13	14	15	16	17	18

Mittelwert Schlüsselqualifikationen (ca. 75%)

Mittelwert Rechtliches Fachwissen (ca. 25%)

Gesamtnote

II. Checkliste zur Gestaltung eines gelungenen Referats und eines gelungenen Vortrags

1. Die Referentin/Der Referent

a) Ausstrahlung/Präsenz

- *Autorität*: Sie benötigen fachliche Autorität, d.h. Sie müssen über Ihr Thema angemessen informiert sein. Fachkenntnis bedeutet nicht, sich kompliziert, weitschweifig oder langweilig auszudrücken. Es ist auch nicht erforderlich, sich hinter „Autoritätsargumenten" zu verschanzen. Im Vortrag zählt **Ihre** Meinung. **Sie** referieren, weil die Zuhörer **Ihren** Standpunkt zu einer Problematik kennen lernen wollen. Auch das Personalpronomen **Ich** ist erlaubt. Nominalstil ist nicht ratsam.[116]
- *Begeisterung*: Sie haben sich mit Ihrem Thema ausführlich auseinandergesetzt und sind jetzt auf diesem Gebiet ein Experte, vermutlich der am besten informierte Teilnehmer der Veranstaltung. Auf diesem Gipfel der Erkenntnis hat man einen guten Überblick, sieht Zusammenhänge und Strukturen. Dieses Interesse für den Gegenstand dürfen Sie zeigen.
- *Freude*: Ein Publikum zu haben ist ein Privileg. Es sind **Ihre** Zuhörer, die Ihretwegen gekommen sind. Hierauf können Sie stolz sein und Sie können sich freuen. Auch dieses Gefühl dürfen Sie zeigen.
- *Freundlichkeit*: Da die Zuhörer Ihretwegen gekommen sind, haben sie den Anspruch, von Ihnen mit Freundlichkeit behandelt zu werden. Denken Sie daran, bei jeder Frage und bei jeder Reaktion aus dem Auditorium.

b) Taktik

Die klassische Rhetorik kennt drei Überzeugungsmittel:[117]

- *Pathos*: Durch Pathos berühren Sie die **Gefühle** Ihrer Zuhörer, Sie schaffen Atmosphäre, versetzen in Stimmungen und rütteln auf. Welche Dosis Pathos Sie einsetzen ist abhängig vom Anlass und Ihren Zuhörern, Fingerspitzengefühl ist gefragt. Die Mittel des Pathos umfassen alle denkbaren Ausdrucksformen des zur Verfügung stehenden Ausdrucksfeldes „Körper". Mimik, Gestik, Tonfall, Körperhaltung, Accessoires (Kleidung, Schrift, Bücher- oder Aktenberg) und Sprache sind die wichtigsten Ausdrucksmittel des Redners. Pathos können Sie mittels Sprache, z. B. durch den Einsatz rhetorischer Figuren, ausdrücken: Metaphern, Alliterationen, Inversionen, rhetorische Fragen u.a.

---

[116] Eingehende Hinweise zur Vortragstechnik finden Sie bei Norbert *Franck*: Rhetorik für Wissenschaftler. Selbstbewusst auftreten, selbstsicher reden; München 2001.

[117] *Gräfin von Schlieffen*: Rhetorik; in: Römermann/Paulus (Hrsg.): Schlüsselqualifikationen für Jurastudium, Examen und Beruf; München 2003, S. 192-229, die nachfolgenden Ausführungen beziehen sich auf S. 214-227 dieses Textes.

- *Logos*: Durch dieses Überzeugungsmittel sprechen Sie den *Verstand* Ihrer Zuhörer an. Klare Gliederung, systematischer Aufbau, klare Begründungen sind die Mittel des Logos. Einzelaussagen (Urteile) werden durch allgemeine Aussagen (Regeln) gestützt. Begründungen (stützende Sätze) müssen plausibel sein (plausibel ist wortverwandt mit Applaus), d.h. sie müssen erwartungsgemäß von der maßgeblichen Mehrheit Ihrer Zuhörer akzeptiert werden.
- *Ethos*: Ethos repräsentiert die *Glaubwürdigkeit* und *Haltung* des Redners. Die Darstellung von Integrität gelingt nur, wenn Sie integer sind. Dazu gehören sorgfältig gestaltete Handouts, Genauigkeit, redliche Fußnoten (vollständige Zitierweise, keine Blindzitate) und Pünktlichkeit.

c) Ausrüstung

Sie benötigen:

- Ihr *Manuskript* (Schriftgröße 14 pt)
- Ihr *Handout* in ausreichender Anzahl (+10 %)
- Einen (funktionierenden) *Stift* und ein Stück *Papier*, um Fragen zu notieren
- *Funktionierende*, auf ihre Tauglichkeit geprüfte *Medien* (geprüfter Overheadprojektor, Beamer, Laptop usw.)
- *Angemessene Kleidung*. Hier kann man nicht verallgemeinern. Die richtige Garderobe hängt vom Anlass und den regionalen oder fachspezifischen Gepflogenheiten ab. Allgemein gilt: Sie müssen sich in der Kleidung wohl fühlen.
- Ihr *Mantra*: Zum Beispiel: „Ich, xy, halte freudig und gelassen meinen Vortrag".

2. Die Vorbereitung

- Erstellen Sie ein *schriftliches Vortragsmanuskript* und ein Handout.
- Sie sind fertig? Sie sind noch nicht fertig! Sätze *kürzen*, Darstellungsdramaturgie *straffen*, *Abkürzungen* einbauen.
- *Üben* Sie den Vortrag, lassen Sie einen Freund überprüfen, ob die nachstehenden inhaltlichen Kriterien erfüllt sind.

3. Das Referat/Der Vortrag

Vergewissern Sie sich über folgende Fragen:

1. *Worum soll es gehen?* Vergewissern Sie sich über Ihr Thema bzw. Ihre wissenschaftliche Fragestellung. Diese Fragestellung muss den Zuhörern verdeutlicht werden.
2. *Was will ich erreichen?* Überprüfen Sie Ihr Anliegen. Sollen die Zuhörer über den Forschungsstand informiert werden, möchten Sie sie überzeugen, ihnen Angst einjagen, ihnen eine Hilfestellung/einen Rat erteilen usw.

3. *Ist die Darstellungsdramaturgie sichtbar?* Ein Vortrag hat eine Struktur, d.h. *Einleitung* (Funktion: Interesse wecken, Nutzen des Vortrags hervorheben, Überblick über die Struktur des Vortrags geben), *Hauptteil* (Funktion: Beweisführung) und *Schluss* (Funktion: Zusammenfassung der Hauptgedanken, evtl. Überleitung zur Diskussion). Diese Komponenten müssen sichtbar sein.
4. *Habe ich mich verständlich ausgedrückt?* Fremdworte sparsam verwenden, Abkürzungen vermeiden, mit Zahlen und Statistiken sparsam umgehen, Wegmarken setzen.
5. *Wer gehört zu meiner Zielgruppe?* Achten Sie darauf, dass der Vortrag auf die Zuhörer zugeschnitten ist. Ein Vortrag vor Spezialisten setzt andere Akzente als ein Vortrag vor Laien. Sie müssen das Vorwissen berücksichtigen und auf Einstellungen, Haltungen und Meinungen Ihrer Audienz Rücksicht nehmen.
6. *Wie präsentiere ich die Inhalte?* Ist Medienunterstützung sinnvoll? Können Medien in den Vortrag einbezogen werden?
7. *Welche situativen und zeitlichen Besonderheiten ergeben sich?* Nach dem Mittagessen habe ich ein anderes Publikum als um 9.00 Uhr am Morgen. Der vorherige Redner hat die zur Verfügung stehende Zeit überzogen. Hierauf müssen Sie sich einstellen, evtl. noch einfacher und pointierter sprechen.
8. *Während des Vortrags... Habe ich die Kontrolle?* Halten Sie Augenkontakt ohne zu fixieren. Überprüfen Sie die Reaktion des Publikums bereits während des Vortrags und reagieren Sie angemessen aber ohne Panik.

III. Aufgaben zum selbständigen Üben

1. Aufgabe im Strafrecht „Abschaffung des strafrechtlichen Ehrschutzes"

In ihrem Beitrag „Globalisierungsfluten und Strafbarkeitsinseln – ein Plädoyer für die Abschaffung des strafrechtlichen Ehrenschutzes" (ZStW 113, [2001], 305ff.) appellieren die Autoren *Michael Kubiciel* und *Thomas Winter* an den Gesetzgeber, die Ehrdelikte aus dem Strafrecht herauszunehmen und den in seiner Ehre gekränkten Bürger auf die zivilrechtlichen Rechtsschutzmöglichkeiten zu verweisen. Sie argumentieren dabei u. a. wie folgt:

> „Angesichts einer globalen Kommunikation, wie sie das Internet ermöglicht, erweist er (der strafrechtliche Schutz der Ehre) sich augenblicklich entweder als ohnmächtig oder überfordert, und innerhalb der eigenen Grenzen läuft ihm der zivilrechtliche Persönlichkeitsschutz, wie ihn vor allem Prominente zunehmend in Anspruch nehmen, den Rang ab. Daneben erweisen sich die alten Probleme einer unbestimmten Tatbestandsfassung und einer durch das Verfahren bedingten praktischen Bedeutungslosigkeit gegenüber jeglichen Lösungsversuchen resistent. Schließlich bleiben berechtigte Zweifel, ob ausgerechnet das Strafrecht die richtige Bühne zur Abwägung zwischen Meinungsfreiheit und Ehrenschutz bietet. Die Frage nach der Zukunft des strafrechtlichen Ehrenschutzes stellt sich also nicht als eine des Wieviel, sondern vielmehr als eine des Ob.
>
> Das Dilemma des strafrechtlichen Ehrenschutzes wuchs in dem Maße, in dem die ständische Gesellschaftsordnung an Bedeutung verlor: Seither ist man bestrebt, mittels der Beleidigungstatbestände ein (Verfassung-)Rechtsgut zu schützen, über das diese Tatbestände im Lichte von Art. 103 Abs. 2 GG nicht hinreichend Rechenschaft abzulegen vermögen. Im Spannungsfeld zwischen der vollständigen Erfassung vermeintlich unerwünschter sozialer Phänomene und dem Gebot einer hinreichenden Bestimmtheit von Strafnormen haben sich sämtliche Versuche einer leistungsfähigen Begriffsbestimmung als untauglich erwiesen, da sie zwangsläufig eine Seite vernachlässigen. So sind die heute vertretenen Ehrbegriffe eher Ergebnis ihres rechtspolitischen Vorverständnisses als Maßstäbe von wissenschaftlicher Schärfe. ...
>
> Es sind nicht nur die aus der deutschen Rechtsordnung resultierenden Bedenken, die für eine Entkriminalisierung des Ehrenschutzes streiten, sondern zunehmend auch transnationale Ent- und Verwicklungen, die sich aus der Allgegenwärtigkeit des Internet und der durch dieses Medium verbreiteten Informationen und Meinungen für das Strafrecht ergeben. Wie für eine Vielzahl von Tatbeständen des Besonderen Teils, so lassen sich auch und gerade für die Ehrschutzdelikte zwei Problemkreise konturieren. Zum einen geht es um die Frage, an welcher Strafrechtsordnung ein Internetnutzer seine Meinungsäußerungen im weltweiten Datenverkehr auszurichten hat, und zum anderen um das rechtspolitische Problem, ob die im Internet angelegte Regelmäßigkeit der Grenzüberschreitung nicht zwangsläufig zu einer Anpassung des materiellen Strafrechts zumindest in den Bereichen führen muss, für die sich die Benutzung von internationalen Computernetzen geradezu aufdrängt.

Will man das Internet nicht insgesamt der deutschen Strafgewalt unterwerfen und damit sämtliche Teilnehmer aus den 150 an das Internet angeschlossenen Staaten zu Adressaten der §§ 185ff. StGB machen, dann wird man von Auffassungen Abschied nehmen müssen, die mit unterschiedlicher Begründung bei Äußerungsdelikten stets einen Erfolgseintritt im Inland und, insoweit dann zwingend, nach §§ 3, 9 Abs. 1 Var. 3 StGB die deutsche Strafgewalt bejahen. Daraus ergäben sich nicht nur unübersehbare praktische Schwierigkeiten für die durch § 152 Abs. 2 StPO gebundenen Strafverfolgungsbehörden; die völkerrechtlich problematische Annahme deutscher Jurisdiktion in bezug auf Internetnutzer und Provider würde auch die verhaltenssteuernde Wirkung des Strafrechts verfehlen, da von deutschen Behörden nicht auf ausländische Server eingewirkt werden kann. Bei der Einordnung von Delikten, die im Internet begangen werden, in das tradierte System des „transnationalen Strafrechts" ist somit grundsätzlich ein behutsames Vorgehen angezeigt, das der dynamischen Entwicklung nicht vorgreift oder sie gar behindert."

Die Autoren schließen mit den Worten:

„Was den allgemeinen strafrechtlichen Ehrenschutz, jedenfalls aber die Beleidigung betrifft, so sollte der Gesetzgeber den Mut aufbringen, die Tendenzen zur Liberalisierung und Deregulierung der letzten Jahre in das Strafrecht zu tragen. Weder droht dem – auch nicht-prominenten – Bundesbürger der Verlust seiner Ehre durch eine Verrohung der Sitten, noch sollte die Rechtspolitik seine Ehre dadurch in Frage stellen, dass sie ihm eine wirksame Verteidigung derselben auf dem Zivilrechtsweg nicht zutraut. Mehr Freiheit und Eigenverantwortung darf durchaus gewagt werden."

Aufgabenstellung:

1. Beginnen Sie Ihren Vortrag mit einer kurzen Zusammenfassung der von den Autoren vorgebrachten Argumente.
2. Nehmen Sie zu der Argumentation der Autoren kritisch Stellung.

2. Aufgabe im Strafrecht „Das Jugendstrafvollzugsgesetz"

Nach der Föderalismusreform und dem Urteil des Bundesverfassungsgerichts vom 31. Mai 2006 – 2 BvR 1673/04, durch das dem Gesetzgeber eine Frist zum Erlass gesetzlicher Regelungen zum Jugendstrafvollzug bis 31. Dezember 2007 gesetzt wurde, liegen nunmehr die ersten Entwürfe entsprechender Landesgesetze vor.

Schon vor der Entscheidung des Bundesverfassungsgerichts war in Politik und Wissenschaft umstritten, welcher Stellenwert dem Gesichtspunkt der negativen Spezialprävention im Jugendstrafvollzug zukommen sollte. Während das für den Strafvollzug an Erwachsenen geltende Strafvollzugsgesetz des Bundes in § 2 als Ziel des Strafvollzuges bestimmt, der Gefangene solle fähig werden, „künftig in sozialer Verantwortung ein Leben ohne Straftaten zu führen" und – im Wortlaut der Norm hervorgehoben durch das Wort „auch" - erst an zweiter Stelle den „Schutz der Allgemeinheit vor weiteren Straftaten" als Aufgabe des Strafvollzuges benennt, wird in § 2 des Referentenentwurfes eines Sächsischen Gesetzes über den Vollzug der Jugendstrafe SächsJStVollzG (Stand: 18. Mai 2007) beiden Zielsetzungen gleichermaßen Rechnung getragen:

> „Der Vollzug dient dem Ziel und erfüllt die Aufgabe, die Gefangenen zu befähigen, künftig in sozialer Verantwortung ein Leben ohne Straftaten zu führen und die Allgemeinheit vor weiteren Straftaten zu schützen".

Im Gegensatz zu dieser Regelung will der Entwurf des Republikanischen Anwaltsvereins ganz auf eine Benennung der Vollzugsaufgabe des Schutzes der Allgemeinheit verzichten. Vorgeschlagen wird daher folgende Regelung des § 2 eines Jugendstrafvollzugsgesetzes:

> „Ziel des Vollzuges der Jugendstrafe ist eine Lebensführung des Gefangenen in sozialer Verantwortung ohne Straftaten".

Nach Auffassung des Republikanischen Anwaltsvereins ist eine Klausel, durch die Sicherheitsinteressen hervorgehoben werden, überflüssig und irreführend:

> „Der Jugendstrafvollzug muss die berechtigten Ansprüche der Allgemeinheit auf Sicherheit berücksichtigen – ein Ziel des Jugendstrafvollzuges kann sie jedoch nicht sein. Der Freiheitsentzug als solcher entfaltet bereits eine faktische Schutzwirkung; diese ist aber nicht Ziel und Zweck des Jugendstrafvollzuges". Unter Bezug auf die Entscheidung des Bundesverfassungsgerichts weist der Verein zudem darauf hin, dass die „Notwendigkeit, den Strafvollzug am Ziel der Resozialisierung auszurichten, auch aus der staatlichen Schutzpflicht für die Sicherheit aller Bürger" folgt. „Zwischen dem Integrationsziel des Vollzuges und dem Anliegen, die Allgemeinheit vor weiteren Straftaten zu schützen, besteht insofern kein Gegensatz."

Aufgabenstellung:
Der MDR möchte einen kurzen Radiobeitrag über die Problematik senden und bittet Sie um eine Erläuterung der Sach- und Rechtslage sowie um eine Stellungnahme zu der oben angesprochenen Frage.

3. Aufgabe im Öffentlichen Recht „Keine staatlichen Leistungen für die Feinde der Demokratie"

In einer juristischen Fachzeitschrift ist die Frage aufgeworfen worden, ob staatliche Leistungen an verfassungsfeindliche Parteien eine Pervertierung der wehrhaften Demokratie darstellen. Der Staat dulde nämlich nicht nur seine Feinde in Gestalt extremistischer Parteien, er unterstütze sie sogar noch tatkräftig in vielfältiger Weise mit Ressourcen, die von den Verfassungsfeinden dankbar angenommen und zur Bekämpfung der freiheitlich-demokratischen Grundordnung eingesetzt würden. Bei der erdrückenden Mehrheit der Bevölkerung stoße es auf breites Unverständnis, dass ihre Volksvertreter Recht gesetzt hätten und aufrechterhielten, wonach Verfassungsfeinde Ansprüche auf Leistungen erhalten, die aus ihren Steuergeldern finanziert würden. Es bestehe hier ein demokratisches Legitimitätsproblem.

Aus Sicht des Verfassers erscheinen folgende Vorschläge zur Behebung des Dilemmas diskussionswürdig:

1. Der effektivste Weg, verfassungsfeindlichen Parteien und Vereinigungen Ansprüche auf staatliche Leistungen zu entziehen, bestünde darin, sie auf der Grundlage von Art. 21 Abs. 2 GG beziehungsweise Art. 9 Abs. 2 GG zu verbieten und einfachgesetzlich die entsprechenden Sanktionsregelungen zu erlassen. Voraussetzung hierfür sei allerdings, die verfassungsrechtlichen Hürden für ein Verbot von Parteien herabzusetzen. Es sollten alle Parteien verboten werden, die öffentlich politische Herrschaftsformen billigen oder propagieren, die der freiheitlich-demokratischen Grundordnung oder der Völkerverständigung zuwiderlaufen. Damit wären Parteien allein schon aufgrund ihrer inhaltlichen ideologischen Ausrichtung zu verbieten, wenn sie diese öffentlich – in welcher Form auch immer – kundgeben.

2. Ein anderer Weg sei es, staatliche Leistungen für Verfassungsfeinde zu begrenzen oder insgesamt zu streichen. Zu erwägen sei etwa, staatliche Leistungen nach dem Parteiengesetz (staatliche Parteienfinanzierung) oder Steuervorteile zu streichen sowie staatliche Leistungen nach den Abgeordneten- und Fraktionsgesetzen zu unterbinden.

3. Eine weitere Option sei es, staatliche Leistungen anlässlich verfassungsfeindlicher Demonstrationen zu unterbinden. Konkret bedeute dies, verfassungsfeindliche Demonstrationen nicht mehr durch Polizeikräfte abzusichern oder im Falle der Absicherung die Kosten der Absicherung den Veranstaltern von verfassungsfeindlichen Demonstrationen in Rechnung zu stellen.

4. Schließlich sei zu erwägen, die Verbotshürden des § 15 VersG deutlich zu senken und diese gesetzliche Regelung auch verfassungsrechtlich abzusichern. Entgegen der heutigen Rechtslage sollte es zulässig sein, Demonstrationen bereits aufgrund ihrer inhaltlichen verfassungsfeindlichen Zielrichtung zu verbieten.

Aufgabenstellung:
Positionieren Sie sich aus verfassungsrechtlicher Sicht zu den obigen Vorschlägen.

4. Aufgabe im Öffentlichen Recht „Staatliche Beratung religionsverschiedener Ehen"

In der Bundesrepublik Deutschland steigt seit Jahren die Zahl der Ehen, bei denen die Ehegatten unterschiedlichen Religionsgemeinschaften angehören. Vor allem die Zahl gemischter christlich-muslimischer bzw. atheistisch-muslimischer Ehen nimmt deutlich zu. Gleichzeitig ergeben sich aus dieser Konstellation vielfältige Probleme im Alltagsleben, insbesondere im Falle des Scheiterns der Ehe. Die neu geschaffene staatliche „Bundeszentrale für Familienberatung"[118] hat daher einen Leitfaden entwickelt, indem vor allem für deutsche Frauen nichtmuslimischen Glaubens folgende Empfehlungen enthalten sind (Auszug):

> „Die BfFB empfiehlt deutschen Frauen bei der Heirat mit einem muslimischen Mann zum Abschluss eines notariellen Ehevertrages. In diesem Vertrag sollte die Gütertrennung, die freie Berufswahl der Frau sowie ihr Recht auf freies Reisen festgeschrieben werden. Eine Auswanderung in das Heimatland des Mannes könne ausgeschlossen werden. Außerdem soll aufgenommen werden, dass die Ehe auf Dauer geschlossen werde, da das schiitische Recht auch eine Ehe auf Zeit vorsieht."

Die Beratungstätigkeit der BfFB hat heftige Kritik, aber auch starke Zustimmung erfahren. Verschiedene Stimmen lehnen eine solche staatliche Einmischung in die privaten Angelegenheiten der Eheleute schon aus grundsätzlichen Erwägungen ab. Zudem halten sie die gegebenen Empfehlungen für diskriminierend.

Unterstützer der BfFB weisen dagegen darauf hin, dass sich die Stelle als Vertreter des Staates endlich der gesellschaftlichen Realität stelle. Der Staat habe zudem eine Schutzpflicht für seine deutschen Staatsangehörigen, sie vor schwerwiegenden Fehlentscheidungen zu bewahren. Dies gelte namentlich auch im Bereich privater Lebensführung.

Aufgabenstellung:
Was halten Sie von einer solchen staatlichen Eheberatung und speziell den gegebenen Empfehlungen aus verfassungsrechtlicher und einfachgesetzlicher Sicht?

---

[118] Anm.: Es handelt sich um eine fiktive staatliche Einrichtung; sie existiert derzeit nicht. Die Aufgabenstellung greift die Frage der Organisationsrechtlichen Zulässigkeit dieser Einrichtung auf.

5. Aufgabe im Zivilrecht „Haustiere in Mietwohnungen"

Die Haltung von Haustieren in Mehrfamilienhäusern führt häufig zu Konflikten zwischen den Tierhaltern, den übrigen Wohnungsnutzern und dem Vermieter. Zur Lösung der daraus entstehenden Rechtsprobleme existieren keine ausdrücklichen gesetzlichen Vorschriften. Vorformulierte Mietverträge sehen häufig ein Zustimmungserfordernis des Vermieters vor. Wie weit reicht also der bestimmungsgemäße Gebrauch gemieteten Wohnraums, und wieweit darf das Kleingedruckte hier einschränken?

Darf der Mieter eines Hauses seinen Kindern nur mit Zustimmung des Vermieters einen Goldfisch schenken? Darf der Student im Wohnheim drei Biohühner für die Eier- und Suppenversorgung halten?

Vermieter meinen, sie vermieteten Wohnungen und keine Zoohandlungen. Wenn sie Goldfische und Katzen erlauben müssten, würden bald Schlangen und Geparden folgen. Mieter hätten vielleicht ein Grundrecht auf weitreichende Information und auf eine Parabolantenne, aber es gäbe doch kein Grundrecht auf Goldhamster.

Mieter verweisen auf den auch im BGB festgelegten Tierschutz. Zudem sei das Zusammenleben von Mensch und Tier seit Jahrtausenden eine Selbstverständlichkeit und gehöre auch zum vertragsgemäßen Gebrauch einer Mietwohnung, zumal z.B. Kinder ein Recht auf ein naturnahes Aufwachsen hätten. Es verstieße auch gegen die Menschenwürde, z.B. alten und einsamen Menschen einen „Mitbewohner" zum Reden und Kuscheln zu verbieten. Für ein verstärktes Abwohnen müsse der Mieter aufkommen, und andere Mieter seien durch Abwehransprüche im konkreten Fall ausreichend geschützt.

Aufgabenstellung:
Wie sollte dieser Konflikt Ihrer Ansicht nach aufgelöst werden?

6. Aufgabe im Zivilrecht „Erfolgshonorar für Rechtsanwälte"

Das BVerfG hat am 12.12.2006 das berufsrechtliche Erfolgshonorarverbot für verfassungswidrig erklärt, da dieses Verbot keine Ausnahmen zulässt.

Gleichwohl, und dies hat auch das BVerfG eingeräumt, bestehen drei Gemeinwohlziele, welche durch die völlige Freigabe der Honorarfrage tangiert werden könnten. Zum einen sei die Unabhängigkeit der Rechtsanwaltschaft gefährdet, da wirtschaftliche Erwägungen eine Rechtsangelegenheit dominieren könnten. Weiterhin seien die Bürger vor einer missbräuchlichen Übervorteilung zu schützen. Auch sei die prozessuale Waffengleichheit gefährdet, weil ein Beklagter – im Gegensatz zum Kläger – nicht über die Möglichkeit verfüge, sein Kostenrisiko auf vergleichbare Art zu verlagern.

Befürworter des Erfolgshonorars verweisen auf die lange Tradition des Modells und die guten Erfahrungen im anglo-amerikanischen Rechtsraum. Erfolgshonorare entlasten die Staatskasse, da auch mittellose Kläger bei hinreichenden Erfolgsaussichten ohne Prozesskostenhilfe gute Anwälte fänden. Anwaltshonorare in Millionenhöhe seien zwar im Einzelfall vielleicht überzogen, aber so könnte auch der kleine Mann etwa in Produkthaftungs- und Umwelthaftungsfällen den Kampf gegen Industriegiganten aufnehmen. Anwälte, die ggf. leer ausgingen, würden die Erfolgsaussichten von Prozessen genauer prüfen als Richter in Prozesskostenhilfeverfahren oder Sachbearbeiter in Rechtsschutzversicherungen, und so würde mancher unnütze Prozeß vermieden. Der Staat müsse hier nicht überregulieren, sondern solle dem mündigen Verbraucher vertrauen, der zudem vor Betrug und Übervorteilung ausreichend zivil- und strafrechtlich geschützt sei.

Aufgabenstellung:
Wie stehen Sie zum Erfolgshonorar? Verbieten, uneingeschränkt erlauben oder doch eine vermittelnde Lösung?

7. Aufgabe im Öffentlichen Recht „Freier Einkauf für freie Bürger"

Meldungen in verschiedenen Zeitungen war vor einigen Wochen zu entnehmen, dass einige Bundesländer beabsichtigen, die bisher geltenden Ladenöffnungszeiten aufzuheben und einen „Rund-um-die-Uhr-Einkauf" an allen Wochentagen zu ermöglichen. Am weitesten fortgeschritten sind diese Überlegungen in Nordrhein-Westfalen. Die dortige Landesregierung hat bereits einen entsprechenden Gesetzesantrag beim Landtag eingebracht.

Auch in Sachsen mehren sich die Stimmen, die sich für einen völligen Verzicht auf Reglementierungen der Ladenöffnungszeiten aussprechen. Dies schaffe neue Arbeitsplätze, die Sachsen dringend nötig habe. Die Liberalisierung entspreche zudem dem modernen Kaufverhalten der Bevölkerung, die durch Bestellungen im Internet und bei Call-Centern bereits jetzt zu jeder Tageszeit Einkäufe tätige. Kompetenzielle Probleme seien nach der Föderalismusreform nicht mehr gegeben.

Diese Überlegungen haben große Resonanz erfahren und eine breite Diskussion ausgelöst. Die Vertreter der Kirchen lehnen diese Vorstellungen ab. Sie erheben zudem verfassungsrechtliche Einwände. Schließlich sei der Sonntag als Tag der seelischen Erhebung gesetzlich geschützt.

Unterstützung erhält die Haltung der Kirchen von Vertretern der Gewerkschaften. Ein völliger Verzicht auf Ladenschlusszeiten bewirke unzumutbare Arbeitszeiten für viele Beschäftigte und bringe vor allem die Familien in Bedrängnis. Außerdem sei fraglich, ob das Angebot von den Kunden überhaupt angenommen werde. „Einkaufen ist schließlich nicht lebensnotwendig", so ein prominenter Gewerkschafter.

Von Verbraucherverbänden wird dagegen der Vorschlag zur totalen Abschaffung der Ladenschlusszeiten gelobt. Dies gebe den Verbrauchern mehr Zeit für Kaufentscheidungen. Auch der vielzitierte „Mann auf der Straße" ist begeistert. Interviews eines privaten Radiosenders war der Tenor zu entnehmen, dass der „freie Einkauf für freie Bürger" das Gebot der Stunde sei und auch – wenigstens ein Stück weit – Freiheitsverwirklichung bedeute.

Aufgabenstellung:
Positionieren Sie sich zu dem Vorschlag, die Ladenschlusszeiten gänzlich abzuschaffen und die Möglichkeit zum Einkaufen an allen Wochentagen ohne Beschränkungen zu eröffnen. Berücksichtigen Sie dabei nicht nur die bundesrechtliche Rechtslage, sondern auch die rechtliche Situation im Freistaat Sachsen.

8. Aufgabe im Öffentlichen Recht „Deutsch als Pflichtsprache"

Meldungen in verschiedenen Zeitungen war vor einigen Wochen zu entnehmen, dass die hessische Stadt D. beabsichtigt, in allen Kindergärten Deutsch als verbindliche Sprache einzuführen. Ziel dieser Maßnahme soll es sein, die Integration ausländischer Kinder in die deutsche Gesellschaft zu erleichtern und ihnen bessere Startchancen für ihren Schulbesuch zu ermöglichen.

Dieses Vorhaben wird unter anderem vom hessischen Ministerpräsidenten begrüßt. Wörtlich sagte er: „Ich glaube nicht, dass dieses die Lösung aller Probleme ist. Ich glaube aber, dass bei den Kindern keine psychosozialen Schäden auftreten werden, wenn in Schulen und Kindergärten Symbole unseres Staates ausgestellt werden".

Andere Stimmen hingegen lehnen das Vorhaben der Stadt D. ab. Ein Sprecher der hessischen SPD kritisierte den Deutschzwang als – so wörtlich – „Kultur von vorgestern". Andere Kritiker sehen in dieser Maßnahme einen Zwang zur Assimilation, der einen Eingriff in die Grundrechte der Kinder und ihrer Eltern darstelle. Außerdem sei für eine solch gravierende Maßnahme eine Entscheidung des Gesetzgebers erforderlich, das Hausrecht der Kindergartenleitungen genügte hierfür nicht.

Einzelne Pädagogen halten den Vorstoß der Stadt D. allerdings für einen Schritt in die richtige Richtung. Deutsch als Pflichtsprache in den Kindergärten einzuführen, stelle einen bedeutenden Beitrag zur frühkindlichen Förderung ausländischer Kinder dar. Die Pisa-Studie habe gezeigt, wie dringend erforderlich derartige Maßnahmen seien. Es sei daher gerade die Pflicht des Staates, die Bildungschancen ausländischer Kinder durch gezielte Sprachförderung zu verbessern.

Aufgabenstellung:

Positionieren Sie sich zu dem Vorschlag, Deutsch als Pflichtsprache in Kindergärten einzuführen.

9. Aufgabe im Öffentlichen Recht „Länderneuordnung"

Die Föderalismusreform I ist abgeschlossen und die nächste Stufe, die Föderalismusreform II wird soeben von Bundestag und Bundesrat vorbereitet. Die Wurzel allen Übels des deutschen Bundesstaats werde damit aber nicht beseitigt, so die Kritik vieler Stimmen in Politik und Gesellschaft. Selbst wenn die Finanzbeziehungen ideal geregelt seien, so die These, bleibe eine Tatsache bestehen: nur fünf Länder seien aus eigener Kraft überlebensfähig. Die anderen 11 Länder würden auch weiterhin ihr Dasein in abhängiger Unmündigkeit fristen. Daraus ergebe sich folgende Forderung: die Zahl der Länder müsse auf sechs reduziert werden.

Diese Länder sollten sein:

1. Der Hansebund mit Schleswig-Holstein, Mecklenburg-Vorpommern, Bremen, Hamburg, Niedersachsen (14,9 Millionen Einwohner)
2. Sachsen-Brandenburg mit Berlin, Brandenburg, Sachsen, Sachsen-Anhalt (12,7 Millionen Einwohner)
3. Mittelrhein-Thüringen mit Saarland, Rheinland-Pfalz, Hessen, Thüringen (13,6 Millionen Einwohner)
4. Nordrhein-Westfalen (18,1 Millionen Einwohner)
5. Baden-Württemberg (10,7 Millionen Einwohner)
6. Bayern (12,5 Millionen Einwohner)

Die Argumente für diese Länderneuordnung: Starke, fast gleichgroße Länder würden entstehen, neue und alte Bundesländer seien miteinander verschmolzen, die Trennlinie zwischen Ost und West aufgehoben. Jedes Land habe dann nur eine Stimme im Bundesrat. Bei einem Patt entscheide die Bevölkerungsmehrheit.

Eine solche Stimmgewichtung repräsentiere die Bundesländer und ihre Bürger weit gerechter und demokratischer, als dies heute der Fall sei. Ein Beispiel: Nordrhein-Westfalen sei nur doppelt so stark in der Länderkammer vertreten wie Bremen. Dadurch zähle die Stimme eines Bremers zwölfmal mehr als die eines Nordrhein-Westfalen.

Der neue Zuschnitt habe weniger Wahltermine zur Folge. Die deutsche Politik könne sich intensiver den langfristigen Aufgaben widmen. Der Länderfinanzausgleich könne ersatzlos gestrichen werden.

Unbegründet sei die Angst, dass die Bürger mit dem neuen Zuschnitt ihre Identität verlören. So wie heute Sauerländer in Nordrhein-Westfalen und Oberpfälzer in Bayern lebten, werden künftig Hamburg im Hansabund und Anhaltiner in Sachsen-Brandenburg wohnen.

Realisiert werden soll die tief greifende Neuordnung der Länder durch eine Änderung des Grundgesetzes, mit der ein vereinfachtes Verfahren der Länderordnung eingeführt werden soll. Danach soll zunächst der alte Artikel 29 GG komplett gestrichen werden. Anschließend soll das Verfahren nach Art. 79 Abs. 2 GG grundsätzlich auch für die Länderneuordnung zur Anwendung kommen und ein neuer Art. 29 GG eingefügt werden, in welchem die neuen sechs „starken" Länder aufgeführt würden.

Kritiker halten diesen Vorschlag für verfassungswidrig und auch für demokratieschädlich. Die Bevölkerung der betroffenen Länder müsse schon aus rechtsstaatlichen Gründen die Möglichkeit haben, über die Fusion ihrer Länder mitentscheiden zu dürfen.

Aufgabenstellung:
Was halten Sie von einer Reduzierung der Bundesländer auf sechs „starke" Länder und wie beurteilen Sie die hierzu vorgeschlagene Verfassungsänderung?

10. Aufgabe im Öffentlichen Recht „Wir brauchen keinen Bundespräsidenten"

In einem in der Süddeutschen Zeitung erschienenen Artikel vertritt Markus Gehrlein, Richter am 2. Zivilsenat des BGH, die Auffassung, dass man auf das Amt des Bundespräsidenten getrost verzichten könne. Gehrlein wörtlich (Auszug):

> „Bei der politischen Willensbildung kommt Bundestag und Bundesregierung gegenüber dem als schwächstes Verfassungsorgan aus dem verfassungspolitischen Kräftespiel weit gehend verdrängten Bundespräsidenten eindeutig die Prärogative zu. Die Zuständigkeiten des Präsidenten die Ernennung von Beamten und Minister, Begnadigungsrecht, Stiftung der Staatssymbole könnten ohne nachteilige Folgen dem Bundeskanzler überantwortet werden. Die beim Flugsicherungsgesetz wahrgenommene Befugnis des Bundespräsidenten, die Ausfertigung eines als verfassungswidrig eingestuften Gesetzes ablehnen, spielt der Verfassungspraxis kaum eine Rolle. Überdies könnten Bundesregierung oder Bundestag ihre gegenteilige Rechtsauffassung durch einen Präsidentenanklage dem Bundesverfassungsgericht zur Prüfung vorlegen, wo die verfassungsrechtliche Kontrolle der Sache nach hingehört.
>
> Tatsächlich wird die Notwendigkeit des Bundespräsidenten vielfach aus einer verfassungsrechtlich nicht näher umrissenen Integrations- und Regenpräsentationsfunktion als Hauptaufgabe des Amtes hergeleitet. Der Bundespräsident ist verfassungsrechtlich nicht verpflichtet, sich der Aufgabe der Integration überhaupt zu widmen.
>
> Diese Gestaltungsfreiheit der Amtsführung hat der frühere Bundespräsident Romanherzog treffend zum Ausdruck gebracht: Der Bundespräsident müsste „streng nach dem Grundgesetz überhaupt keine einzige Rede halten, könnte - jetzt ganz extrem gesprochen - fünf Jahren im Schloss Bellevue oder in der Villa Hammerschmidt sitzen, Bundeskanzler, Minister und höhere Beamte ernennen, Botschafter empfangen, Gesetze unterzeichnen, Ordensverleihungen aussprechen und ansonsten den lieben Gott einen guten Mann sein lassen."
>
> Es erscheint höchst zweifelhaft, ob Integration in einer demokratischen Gesellschaft gelingen kann und für die Aufgabe tatsächlich ein lebendiges Bedürfnis besteht. Die Demokratie wird vom freien Spiel widerstreitender politischer Kräfte geprägt, die bei der Verfolgung ihrer konträren Ziele miteinander im Wettbewerb stehen. Der notwendige politische Meinungswiderstreit spiegelt sich in einer pluralistischen Gesellschaft. Über ethische und soziale Fragen besteht in weiten Bereichen, man denke nur an Schwangerschaftsabbruch, Stammzellenforschung und der sozialen Sicherung keine Übereinstimmung. Gesellschaftliche Organisationen, von den Kirchen bis zu den Gewerkschaften, enthalten nur noch geringere innere Bindung kraft.

> Überschätzt man die Wirkungsmöglichkeiten des Amtes nicht maßlos, wenn man meint, der Bundespräsident könne als Ratgeber in einer „immer unübersichtlicher werdenden Welt" (U. Sarcinelli) Orientierung geben? Integrationsbemühungen vollziehen sich auf dem kleinsten gemeinsamen politischen Nenner und erschöpfen sich unter dem Etikett „Einheit der Pluralität" (I. Pernice) vielfach in der Anerkennung konträrer Interessen.
> In der Machtlosigkeit manifestiert sich die entscheidende strukturelle Schwäche des Amtes. Über Symbolhaftes hinausgehende Integration glückt nur, wenn sie im Rahmen politischer Verantwortung ausgeübt und dank realer Machtbefugnisse gefördert wird. Da dem Bundespräsidenten keine politischen Entscheidungsbefugnisse zu kommen, könnten seine Kompetenzen auch einem „Sonderbeauftragten für Repräsentation" als bloß dekorative Figur übertragen werden.
> Mit der Machtlosigkeit verbindet sich als komplementäres Defizit fehlende Verantwortung des Bundespräsidenten für sein Handeln. Werden Anregungen des Bundespräsidenten von der Politik nicht aufgegriffen, erübrigt sich mangels praktischer Wirkungen die Frage der Verantwortung. Gelingt es dem Bundespräsidenten hingegen, auf die Meinungsbildung der politisch Verantwortlichen einzuwirken, besteht die Möglichkeit, dass seine Vorschläge aufgegriffen und durch Gesetzgebungs- oder Regierungsakte umgesetzt werden.
> Politische Verantwortung für die Realisierung seiner Empfehlungen trägt der Bundespräsident allerdings nicht, weil sie sich außerhalb seiner Zuständigkeit im Verantwortungsbereich von Parlament und Regierung abspielt. Diesen Befund hat Roman Herzog treffend skizziert: „Da ich als Bundespräsident fast keine Entscheidungsbefugnis habe, ist das nicht einmal möglich, mich zur Verantwortung zu ziehen, falls jemand Vorschläge, die ich mache, gesetzgeberisch oder sonst wie in die Tat umsetzt. Auf der anderen Seite kann ich immer, wenn nicht getan wird, was ich vorschlage, darauf verweisen, dass es besser gewesen wäre, man hätte auf mich gehört."

Gehrleins Fazit: Wir brauchen in Deutschland keinen Bundespräsidenten.

Aufgabenstellung:

1. Fassen Sie Gehrleins Argumentation zur Überflüssigkeit des Amtes des Bundespräsidenten zusammen.
2. Was halten Sie von dem Vorschlag, dass Amt des Bundespräsidenten abzuschaffen?

Literaturverzeichnis

Aristoteles: Rhetorik; Stuttgart, 1999

Ballweg, Ottmar: Phronetik, Semiotik und Rhetorik; in: Ballweg/Seibert (Hrsg.): Rhetorische Rechtstheorie. Zum 75. Geburtstag von Theordor Viehweg; Freiburg und München 1982, S. 27-71

Bender, Rolf/*Nack*, Armin/*Treuer*, Wolf-Dietrich: Tatsachenfeststellung vor Gericht; München, 3. Auflage, 2007

Blumer, Herbert: The Methodological position of symbolic interactionism; in ders.: Symbolic Interactionism. Perspective and Method; Berkeley u.a. 1986 (zuerst 1969)

Breidenbach, Stefan/*Henssler*, Martin (Hrsg): Mediation für Juristen; Köln, 1997

Covey, Stephen/*Merrill*, Roger/*Merrill*, Rebecca: Der Weg zum Wesentlichen. Zeitmanagement der vierten Generation; Frankfurt a. M./New York, 2005

Dahs, Hans: Handbuch des Strafverteidigers; Köln, 7. Auflage, 2005

Dauner-Lieb, Barbara: Buchbesprechung: Schlüsselqualifikationen für Jurastudium, Examen und Beruf (Römermann/Paulus) und Die Anwaltsstation nach neuem Recht (Römermann/Hartung); NJW 2004, S. 433f.

Erichsen, Hans-Uwe/*Ehlers*, Dirk: Allgemeines Verwaltungsrecht; Berlin, 13. Auflage, 2006

Feest, Johannes/*Blankenburg*, Erhard: Die Definitionsmacht der Polizei. Strategien der Strafverfolgung und soziale Selektion; Düsseldorf 1972.

Festinger, Leon: Theorie der kognitiven Dissonanz; Bern u.a. 1978

Fisher, Roger/*Ury*, William/*Patton*, Bruce: Das Harvard-Konzept – Der Klassiker der Verhandlungstechnik; Frankfurt a. M., 22. Auflage, 2004

Flam, Helena: Soziologie der Emotionen – Eine Einführung; Konstanz, 2002

Franck, Norbert: Rhetorik für Wissenschaftler - selbstbewusst auftreten, selbstsicher reden; München, 2001

Freiherr von der Knigge, Adolph Friedrich Ludwig: Über den Umgang mit Menschen; Leipzig, Reprint der Originalausgabe von 1850, 1998

Freud, Sigmund: Vorlesungen zur Einführung in die Psychoanalyse; Frankfurt a.M., 14. Auflage, 2003

Fuhrmann, Manfred: Die antike Rhetorik; München, 5. Auflage, 2003

Göppinger, Hans: Kriminologie; München, 6. Aufl. 2008

Gracian, Balthasar: Handorakel und Kunst der Weltklugheit; Stuttgart, Nachdruck, 2004

Gruber, Peter: Gewinnen können statt siegen müssen. Die Kunst herrschaftsfreier Problemlösung; Seedorf 2003

Haft, Fritjof/Katharina *Gräfin von Schlieffen*: Handbuch Mediation; München 2002

Heller, Robert/*Hindle*, Timothy: Erfolgreiches Management; London/ New York, 1. Auflage, 2000

Hermanutz, Max/*Litzcke*, Sven M.: Vernehmung in Theorie und Praxis – Wahrheit, Irrtum, Lüge; Stuttgart/Boorberg, 2006

Jung, Heike: Forum: Schlüsselqualifikationen oder warum man den Gesetzgeber ernst nehmen sollte; JuS 2003, S. 1048-1051

Kessler, Clemens: Die deutsche Juristenausbildung nach der Ausbildungsreform; JA 2003, S. 712-718

Knape, Joachim: Allgemeine Rhetorik; Stuttgart, 2000

Koenig, Detlef/*Roth*, Susanne/*Seiwert*, Lothar J.: 30 Minuten für optimale Selbstorganisation; Offenbach, 7. Auflage, 2006

Kracht, Stefan: Rolle und Aufgabe des Mediators – Prinzipien der Mediation; in: Haft, Fritjof/Katharina Gräfin von Schlieffen: Handbuch Mediation; München 2002, S. 363-392

Ders./*Rüssel*, Ulrike: Schlüsselqualifikation Mediation; JA 2003, S. 725-733

Kushner, Malcolm: Erfolgreich präsentieren für Dummies; Weinheim, 2. Auflage, 2005

Lang, Rudolf: Schlüsselqualifikationen - Handlungs- und Methodenkompetenz - Personale und Soziale Kompetenz; München, 2000

Lay, Rupert: Führen durch das Wort; Berlin, 6. Auflage, 2006

Ders.: Manipulation durch die Sprache; Reinbek bei Hamburg, 1980

Leist, Wolfgang: Der erfolgreiche juristische Vortrag; JuS 2003, S. 441-443

Mähler, Gisela/*Mähler*, Hans-Georg: Praktische Einsatzmöglichkeiten der Mediation; Köln, 1997

Malik, Fredmund: Führen, Leisten, Leben – Wirksames Management für eine neue Zeit; Stuttgart/ München, 17. Auflage, 2005

Mentzel, Wolfgang: Rhetorik; Planegg, 5. Auflage, 2006

Milne, Rebecca/*Bull*, Ray: Psychologie der Vernehmung; Chichester, Nachdruck 2004

Perelman, Chaim: Das Reich der Rhetorik; München, 1980

Quintilian, Marcus Fabius: Lehrbuch der Redekunst; Stuttgart, 1995

Römermann, Volker/*Paulus*, Christoph: Schlüsselqualifikationen für Jurastudium; München, 2003

Schlieffen, Katharina Gräfin von/*Michaelis*, Oliver: Schlüsselqualifikation Rhetorik; JA 2003, S. 718-725

Schlüter, Hermann: Grundkurs der Rhetorik; München, 14. Auflage, 1997

Schneider, Egon: Leitfaden für die polizeiliche Vernehmung; Langwaden, 1999

Schneider, Hendrik: Grundlagen der Kriminalprognose. Eine Rekonstruktion der Probleme von Zuverlässigkeit und Gültigkeit unter Rückgriff auf Alfred Schütz; Berlin 1996

Ders.: Vom bösen Täter zum kranken System. Perspektivenwechsel in der Kriminologie am Beispiel von Psychoanalyse und Kriminalsoziologie; in: Requate, Jörg (Hrsg.): Recht und Justiz im gesellschaftlichen Aufbruch (1960-1975). Bundesrepublik Deutschland, Italien und Frankreich im Vergleich; Baden Baden 2003, S. 275-293.

Schopenhauer, Arthur: Aphorismen zur Lebensweisheit; Leipzig, Volksausgabe, ca. 1900

Schopenhauer, Arthur: Eristik oder Die Kunst, Recht zu behalten; Frankfurt a.M./ Leipzig, 1. Auflage (Nachdruck), 2005

Seidel, Eckhard: Zeitstress ade!; Bad Alexandersbad, 7. Auflage, 1989

Seifert, Josef W.: Visualisieren-Präsentieren-Moderieren; Offenbach, 15. Auflage, 2000

Seiwert, Lothar J.: Mehr Zeit für das Wesentliche; Landsberg/ Lech, 5. Auflage, 2001

Stender-Monhemius, Kerstin: Schlüsselqualifikationen – Zielplanung, Zeitmanagement, Kommunikation, Kreativität; München, 1. Auflage, 2006

Tarr, Irmtraut: Flugzeuge im Bauch. Vom Umgang mit Lampenfieber im Universitätsalltag; Forschung&Lehre 2008, S. 180f.

Tracy, Brian/*Scheelen*, Frank: Die ewigen Gesetze des Erfolges; Landsberg/Lech, 2000

Weisbach, Christian-Rainer: Professionelle Gesprächsführung; München, 6. Auflage, 2003

Stichwortverzeichnis

Alliteration § 4 I 1a; § 4 I 2b; § 6 V 4; § 9 II
Anapher § 4 I 1a
Antithese § 4 I 2b
Begrüßung des Publikums § 4 II 1a
Blackout § 5 II 4b
Debattiertechnik, Debattierrunde § 4 I; § 4 III
Definitionsmacht § 4 IV 1; § 4 IV 3
Diskussionstechnik, Diskussionsrunde § 4 I; § 4 III
Dominanzgeste § 4 IV 3
Doppelung § 4 I 1a
Emotionsdisplay § 4 II 1d
Emphase § 4 I 1a
Enthynem § 4 I 2a
Ethos § 4 I; § 4 I 2c; § 9 II
Feedback § 5 VI
Fremdwörter § 4 I 1a; § 5 II 3e; § 9 II
Frontalunterricht § 5 VI
Gesprächsführung § 2 I; § 2 II 3; § 3 I 3; § 3 II 1; § 3 II 2c; § 4 III; § 4 IV
Gestik (siehe auch Körpersprache) § 4 I; § 4 I 1b; § 4 I 2b; § 4 II 2b; § 5 II 3c; § 5 II 3e; § 5 II 3h; § 9 II
Handout § 4 II 1c cc
Hyperbel § 4 I 1a
Inversion § 4 I 2b; § 9 II
Ironie § 4 I 1a; § 4 I 2b
Kette § 4 I 1a
Kleidung § 4 I 2c
Kognitive Dissonanz § 4 V
Kommunikationsfähigkeit § 2 I; § 2 II, 3; § 3 I 3; § 3 II 1; § 3 II 2b; § 4 III
Körpersprache, Körperhaltung § 4 I 1b; § 4 I 2b; § 4 IV 3; § 5 II 3d; § 5 II 3e; § 5 VI; § 7 I 4
Lampenfieber § 4 II 1d
Lebenskunst § 2 I 1
Litotes § 4 I 1a; § 4 I 2b
Logos § 4 I; § 4 I 2a; § 9 II

Managerliteratur, Managementliteratur § 4 V; § 8 V
Mediation § 2 I; § 2 II 3; § 3 I 3; § 3 II 1; § 3 II 2e
Metapher § 4 I 1a; § 4 I 2b; § 9 II
Metonymie § 4 I 1a
Mimik § 4 I 1b; § 4 I 2b; § 4 IV 4; § 5 II 3h; § 5 VI; § 9 II
Nominalstil § 5 II 3e
Paradoxon § 4 I 1a
Pathos § 4 I; § 4 I 2b
Reform Juristenausbildung § 2 I
Refrain § 4 I 1a
Rhetorik § 2 I; § 2 II 3; § 2 II 4; § 3 I 3; § 3 II 1; § 3 II 2d; § 3 III; § 4 I; § 5 II 3e; § 8 I; § 8 II; § 9 II
Rhetorik, schwarze § 4 II 2e
Rhytmisierung § 4 I 1a
Rückgriff § 4 I 1a
Satzbildung § 6 III 5
Selbstorganisation § 4 V; § 8 V
Soziale Kompetenz § 2 I
Soziolinguistik § 5 II 3e
Sprachmelodie § 4 I 1c
Sprechgeschwindigkeit § 4 I 1c; § 5 II 3e
Sprung § 4 I 1a
Steigerung § 4 I 1a
Stilbruch § 4 I 1a
Stillehre § 5 VI
Stimme, stimmliche Mittel § 4 I 1c
Streitschlichtung § 2 I; § 2 II 3; § 3 I 3; § 3 II 1; § 3 II 2f
Syllogistik § 4 I 2a
Teamfähigkeit § 2 I; § 3 I 3; § 3 II 1
Team-Teaching § 5 VI
Teilnehmerfeedback § 5 VI
Verhandlungsmanagement § 2 I; § 2 II 3; § 3 I 3; § 3 II 1; § 3 II 2a
Verlegenheitsgesten § 5 II 3b
Vernehmungslehre § 2 I; § 2 II 3; § 3 I 3; § 3 II 1; § 3 II 2g

Videoanalyse § 5 VI
Vorgriff § 4 I 1a
Vortragsaufgabe § 5 I
Vortragsmanuskript § 4 II 1c cc
Vortragstechnik § 3 III; § 4 II; § 7 II; § 8 II
Work-Life-Balance § 4 V
Zeitbudget (für Gespräche) § 4 IV 3
Zeiteinteilung (beim Vortrag) § 5 II 3f; § 6 I 5
Zeitmanagement § 3 I 2; § 3 I 3; § 4 V; § 6 II 4; § 6 III 5; § 6 IV 5; § 6 V 4; § 8 V

MIX
Papier aus verantwortungsvollen Quellen
Paper from responsible sources
FSC® C105338

If you have any concerns about our products,
you can contact us on
ProductSafety@springernature.com

In case Publisher is established outside the EU,
the EU authorized representative is:
Springer Nature Customer Service Center GmbH
Europaplatz 3, 69115 Heidelberg, Germany

Printed by Libri Plureos GmbH
in Hamburg, Germany